THE DIFFERENTIATION OF PARTICIPATION

参与的分化

职工民主发展的现状与前景

詹　婧◎著

THE PRESENT SITUATION AND PROSPECT OF EMPLOYEE DEMOCRACY

中国工人出版社

图书在版编目（CIP）数据

参与的分化：职工民主发展的现状与前景 / 詹婧著. —北京：中国工人出版社,2017.4
ISBN 978-7-5008-6663-3

Ⅰ.①参… Ⅱ.①詹… Ⅲ.①职工－民主管理－研究 －中国 Ⅳ.①D412.6

中国版本图书馆CIP数据核字（2017）第089728号

参与的分化：职工民主发展的现状与前景

出 版 人	芮宗金
责任编辑	罗荣波
责任校对	孙迺伟
责任印制	栾征宇
出版发行	中国工人出版社
地　　址	北京市东城区鼓楼外大街45号　邮编：100120
网　　址	http://www.wp-china.com
电　　话	（010）62355043（总编室）　（010）62005039（出版物流部） （010）82075935（工会与劳动关系分社）
发行热线	（010）62004002　（010）82081553（传真）
经　　销	各地书店
印　　制	北京市密东印刷有限公司
开　　本	700 毫米 × 1000 毫米　1/16
印　　张	12.5
字　　数	170 千字
版　　次	2017年6月第1版　2017年6月第1次印刷
定　　价	38.00 元

目 录

第一章
引　言

工业民主和员工参与是一个亘古不衰的话题。从19世纪末期的工团主义和社会劳工运动理论，到马克思主义，再到经济民主思想和现代经济学、管理学、社会学理论，都在探讨工业民主和员工参与问题（谢玉华、何包钢，2007）。从本质上讲，员工参与的出发点与归宿是通过保障和维护员工的民主权利和经济利益，协调稳定企业劳动关系，调动员工与企业共谋发展的积极性，实现劳资“双赢”。

回顾我国企业中员工参与的发展，在改革开放之前，社会主义建设中特别强调社会主义劳动主权特征，所以企业十分注重员工参与问题。企业内的职工代表大会是员工参与企业管理、监督领导干部的权力机构，是实施企业民主管理的主要形式。这一时期的企业员工参与是建立在劳动者整体利益基础上的，具有浓厚的意识形态色彩，实际上，员工个人并未从财产关系上感到自己是企业的所有者。

改革开放以来，特别是自国有企业改革开始以来，中国企业改革的逻辑便始终是如何改进和完善政府对企业经营行为的激励和约束，从确保国有资产保值和增值（即效率原则）的角度出发构建国有企业的治理结构，这种改革逻辑在一定程度上限制了员工参与企业的管理与决策，导致我国国有企业员工参与管理的趋势不断弱化（祁华清，2005）。与之伴生的，是新兴的非公有制企业中员工参与的“缺失”：一方面，从历史发展来看，非公有制企业缺乏民主管理的传统；另一方面，非公有制企业作为完全独立的市场主体，更加重视利润最大化的实现，在劳资之间抗衡和博弈的过程中，资本经常占上风，员工的一些基本劳动权益难以得到保障，这显然并不适合员工追求更高层次的民主参与权。

近年来，伴随经济发展和社会转型，我国劳资力量对比呈现新格局，一方面，个别劳动争议数量仍在不断增加，2014 年，全国各级劳动人事争议调解仲裁机构共处理劳动争议案件 71.1 万件，同比增长 6.3%；另一方面，2010 年夏季，中国珠三角地区、长三角地区、京津地区及大连开发区等地发生了一系列劳动者自发的停工事件，其中仅大连开发区在两个月内的停工事件即达 73 起，有近 7 万名工人参与①。中国的劳动关系正面临着新一轮的转型，即个别劳动关系向集体劳动关系的转型（常凯，2011）。在这一背景下，中央和地方政府日益关注员工参与在劳动关系调整中的作用，从 2007 年开始，全国 20 多个省、市相继出台员工参与的地方性法规。2012 年，中共中央纪委、中共中央组织部、中华全国总工会等六部门联合下发《企业民主管理规定》，这是我国首次以多部门共同颁布规章的形式来规范企业民主管理制度，其中特别强调职工代表大会、厂务公开、职工董事和监事制度在保障员工发言权，促进劳动关系稳定中的作用。2015 年 2 月，中共中央在《关于加强社会主义协商民主建设的意见》中提出健全以职代会为基本形式的民主管理制度。2015 年 3 月，中共中央、国务院在《关于构建和谐劳动关系的意见》中指出，推进企业普遍建立职工代表大会，认真落实职工代表大会职权，充分发挥职工代表大会在企业发展重大决策和涉及职工切身利益等重大事项上的重要作用。

与积极推动员工表达诉求的政府治理方向相左，在实践中，有些企业对员工参与的态度始终不够主动，尤其在地方层面有关员工参与的立法进程中，企业的反对声浪达到了高峰。在《广东省企业民主管理条例（草

---

① 凤凰网. 大连停工潮 7 万人参与 波及 73 家企业 以工资增长 34.5% 告终［EB/OL］,［2010-09-19］,［2015-11-07］. http://finance.ifeng.com/job/zcyw/20100919/2636812.shtml

案)》的讨论过程中，代表港资企业的香港中华厂商联合会、中华总商会等团体就曾召开记者发布会，明确反对该草案的出台①；香港 47 家商会甚至联合发表声明表示，如果这一条例通过，将导致大批香港企业倒闭，并引发撤资潮。

在实践中，一些企业的员工参与陷入屡遭企业拒绝的窘境，在此情况下，员工实际的参与程度如何？是否所有的员工都获得了公平的参与机会？如何改进员工的参与状况？探讨这些问题具有重要的现实意义，本书将针对这一主题展开研究，重点关注弱势员工在参与中的边缘化问题及其对策，全书将用六个部分来论述这一问题。

本书第一部分将对研究的核心概念——“弱势员工”“民主参与”和“边缘化”作社会学和管理学的解释；第二部分将集中探讨员工参与的外部环境和条件，这是员工在企业中实现参与的现实约束；第三部分将重点探讨员工参与中的主体行为，包括员工的参与意愿与行为、工会对员工参与的态度和行为倾向，员工参与在企业中的接受者——管理方对于参与的排斥与接纳，以及工会—管理层关系对于员工参与运行及结果的影响；第四部分将针对研究中的“技术问题”展开解释，即员工参与程度的测量，这是进行员工参与程度判断的重要工具，也是作出员工是否存在“参与边缘化”结论的主要依据；第五部分将通过实证方法对企业中弱势员工的参与边缘化问题进行检验，并尝试进一步探讨工会和管理层两方的努力对于缓解员工在参与中的分层与分化的作用；第六部分将立足员工参与公平性的角度探讨中国企业员工参与的发展前景。

---

① 2010 年 9 月 14 日，香港中华厂商联合会、中华总商会等团体在香港召开记者发布会，对《广东省企业民主管理条例（草案）》的“修改二稿”作了喊话，其中工资集体协商和职工董事两项制度受到的责难和反对最多。香港中华厂商联合会的新闻联络人士梁仲达认为，工资集体协商可能牵出一系列问题：是否要加班？加班工资怎么定？是否及何时涨工资？这种未知性让企业非常担忧。另外，还有意见认为，无论英美法系还是大陆法系，都没有在现代公司治理模式中引入“职工董事”的职能设置。

一、研究目的与意义

民主参与权是劳动者集体劳权的重要内容，是劳动者参与企业和社会管理的权利，企业层面的民主参与权，是对原属于资本的领地的介入和分享，是指企业中的普通员工依据一定的规定与制度，通过一定的组织形式，直接或间接地参与管理决策的各种行为的总称（常凯，2009）。从理论上讲，员工参与的主体是组织内的普通员工，不分职业、工种、岗位，都可以依据一定的法律与制度，通过一定的组织形式，直接或间接地参与影响组织成员利益决策的活动。员工参与的最大作用和贡献是能够消灭劳动中的异化现象，赋予劳动者掌握自己的劳动、支配和管理自己的劳动的机会，缩小因劳动分工而产生的阶层差距（刘元文，2007）。因此，无论是员工参与的内涵还是目的，都不排斥任何的劳动者，而是鼓励组织成员享有公平参与的权利，并能够从参与中获得更大的公平与收益。

然而在实践中，并不是所有的劳动者都能够享有均等的参与权利和参与机会，一方面，受个人能力、性格、意愿以及其他条件的限制，企业中总有一些员工远离决策、游离在参与活动之外，他们或是觉得自己无力表达，或是认为已经有代表很好地进行了表达，无须自己再出面进行参与，因为参与并不是员工必须尽的义务，不参与也不必承担相应责任。另一方面，在多数情况下，企业内部的一些成员即便有参与意愿，也很难进入参与的核心组织或核心制度中，即使是那些看起来与他们的切身利益最密切相关的问题。其中，参与能力和意愿较低的企业弱势员工最经常被排除在参与行为之外，这种现象就是本书意在讨论的员工参与边缘化问题。

员工参与中的员工，是指在劳动关系中经常处于被管理、被领导地位的普通员工，不包括经营者、主要决策者和高级管理者。从员工参与的角度来看，区分普通员工和经营者、决策者等组织成员的标准是，组织中那些无须他人参与、无须征求他人意见就可作出重大决策的成员（个人或少数人小集体）属于决策者或管理者。同时，他们掌握着是否为其他成员（一线职工、一般管理人员、技术人员）提供参与机会与权利的主动权甚至决定权，那些被提供参与机会的成员就是普通员工。

在实践中，我们发现普通员工在参与中的角色和地位也是存在差别的。一方面，企业内部管理是分层级的，员工也是分层级的，层级化的组织结构使管理权力分布于各个层级之中，员工参与自然也就广泛分布在各个层次之中，不同层次的员工由于管理权力的分布程度存在差别，因此，在员工参与中的地位也具有层级性。另一方面，组织中的管理与决策虽然无所不在、无处不有，但大都可以根据涉及的范围、先后顺序、重要性和紧迫程度，划分出不同的层次。比如，在重大决策、经营管理、员工切身利益、廉政建设等问题上，不同员工参与决策是存在层次性差别的，这体现了不同员工在参与深度和参与质量上的分化。

何种因素造成了这种层级性和分化性？这种层级性和分化性是否存在属性上的差异？哪类员工会进入参与的核心层次并参与核心问题的决策中，哪类员工一直游离于参与行为之外？这是本研究力图解释的问题。本书将进一步深入探讨劳动关系管理中员工参与的内涵、属性、影响因素等理论问题，并从企业管理的角度进行实证检验，考察员工参与在实践层面的被排斥现象，探讨员工参与实现机会公平和效果优化的路径及前景。

二、研究思路与方法

针对以上待解的核心问题，本书主要从三个角度来展开。第一，影响员工参与程度的主要因素，其既指员工参与的外部环境和条件，是员工在企业中实现参与的现实约束，也是企业层面员工参与所能达到的整体水平的影响因素，重点包括外部的经济环境、政治环境和社会文化环境；也包括员工参与的主体因素，即介入员工参与的几方主体的意愿、偏好和行为，其中重点讨论企业层面员工的参与意愿、参与能力及其参与行为，工会对于员工参与的态度和行为倾向，以及常常会被忽略的主体——企业管理方对于员工参与的排斥和接纳。第二，个体维度中员工参与水平的测度问题，重点梳理不同研究者从不同角度对员工参与进行的结构划分以及相应的测度方法，并在此基础上提出本书所采用的测度方法及工具。第三，在前两部分理论分析的基础上，对现实中企业弱势员工的参与边缘化问题进行实证检验，文章将从员工个体因素和企业因素两个层次探讨影响员工参与水平、导致弱势员工被排斥或隔离在参与核心之外的原因，并尝试进一步了解企业中是否存在化解这一边缘化状况的缓解机制，即工会的努力和企业的鼓励能否降低员工参与中的分化状况。

根据上述研究内容，我们提出了本书的研究技术路线图，如图 1-1 所示。

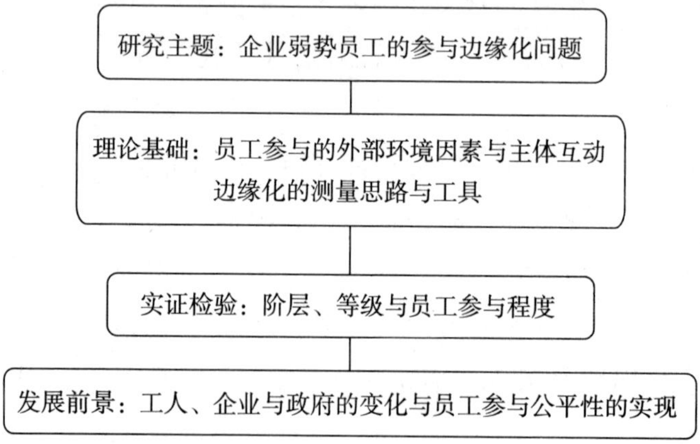

图 1-1　本研究技术路线图

在确定上述研究主题和基本思路的基础上，本书采用的研究方法主要包括：

1. **文献研究法**

研究通过收集、鉴别、整理有关“员工参与”、“参与水平测度”、“弱势群体”、“员工边缘化”等主题的研究文献，并对文献进行深入剖析，形成对“员工参与程度及其影响因素”研究的事实认识。一方面，通过梳理和归纳，总结出国内外学者有关员工参与的研究现状，并对其进行评述；另一方面，根据已有文献呈现出的影响员工参与水平的因素，构建本文的理论框架和研究假设。

2. **历史分析法**

本书对我国企业员工参与尤其是员工参与实现载体——制度建设的发展历史进行了回顾和三阶段的划分与整理，清晰地展现了员工参与状况与水平的变化过程。在此基础上，解释员工参与制度建设状况对员工参与感受的影响，并在历史分析的基础上进行综合归纳，尝试分析我国企业员工参与的发展前景和可行路径。

3. **实证研究法**

本书在构建理论基础的前提下，通过实证研究方法回答员工参与水平“怎么样”以及“为什么”存在分化等问题，主要通过问卷、访谈等方法对企业员工进行实证调研，获取数据，并运用计量方法对数据进行分析，得出结果。本书将通过自行设计问卷、选取样本框、发放和回收问卷等步骤，收集实证分析所需数据，并运用多种计量方法对数据进行深入挖掘，探讨变量间关系，发现强势、弱势员工参与水平存在差异的影响因素，找到可能加深或缓解员工参与内部分化与排斥水平的因素及其作用机制。同时，将通过多层次主体的访谈进一步挖掘数据背后的深层次原因，发现员工参与边缘化的作用机理。

三、研究对象与概念界定

（一）员工参与的内涵辨析

员工参与的概念出现于19世纪末期的西方工业国家，1967年，国际劳工组织“关于工会代表及员工参与企业决策专门会议”对这一概念作出了权威性解释，即员工参与是指劳动者“参与”企业经营的“意思决定”（决策），并对企业的决策“产生影响”而不是作为旁观者。也就是说，企业员工参与意味着员工通过某种机制或方式对企业的经营决策造成直接影响。国内学者普遍接受的劳动关系学视角的定义是，员工参与是企业组织中的普通员工依据一定的规定和制度，通过一定的组织形式，直接或间接地参与管理决策的各种行为的总称（常凯，2005）。

理解员工参与的内涵，还需要厘清这一概念的关键要素：

第一，参与的主体是普通员工，是指在劳动关系中经常处于被管理、被领导地位的劳动者，他们在组织中的参与机会和参与权利需要得到企业主或高级管理者的赋予和确认。

第二，员工参与需要依托于一定的制度和形式。实际上，员工参与是一个相对抽象的概念，员工需要一定的渠道和活动来进行参与活动，认知自身的参与。同时，员工参与的实现也需要建立在相应的制度之上。

第三，员工参与有一定的程度和限度。程度是指员工参与内容所涉及的范围，以及参与中员工的权利范围和参与的深入程度；限度即员工参与不可能是事无巨细的深入参与，即使是最高等级的参与，员工和管理者仍然有职责的差异。也就是说，无论员工参与的程度有多深、参与的范围有多广，甚至改变了管理的形态，但终究不能替代传统意义上的管理（科恩，1988）。本书所研究的“员工参与”位于劳资双方决策权分割的适度位置，企业民主管理并不等于民主管理企业（陈伟光，2010）。

从员工参与的另一个向度——企业管理的角度理解这一概念，员工参与这一企业管理中的员工行为方式有更多丰富的内涵界定。利克特（1967）在《人类组织》一书中总结了组织领导力的四种基本体系，包括剥削式专制、怀柔式专制、咨询式管理、参与式管理，该理论成为分析企业员工参与的基本理论框架。其中，剥削式专制指企业主或经理完全以独裁的方式对待下属；怀柔式专制指企业主或经理依然采取专制的方式严格控制员工，但从不对下属施压；咨询式管理指企业主或经理通过某些参与途径来咨询下属的意见和建议，但依然掌握最终决策的权力；参与式管理指企业主或经理不仅对员工的总体参与给予明确的指导性意见，而且所有决策都由大多数人的共识来确定。利克特指出，就组织领导力而言，企业可分为以老板为核心和以下属为核心的两种领导模式，前者依靠经理的权威来实施管理，后者依靠下属的自由度来实施管理。可以说，利克特的讨论完全是从决策的角度来定义参与的含义并确定企业组织的构成的，但事实上，员工参与的指涉相当复杂，决策只是其中的一个重要方面而已。撒拉芒（1992）将员工参与定义为一种组织管理的理念和方式，这种方式承认员工个人和集体的需求与权利，将这些需求和权利纳入雇佣组织的管理决策范围，而不仅仅是通过集体谈判来约定。员工参与的实质是由员工参与决策，解决雇佣组织内的问题，这种方式涉及的内容比"工资/工作集体谈判"要广泛得多。科顿（1993）将员工参与定义为一种充分利用员工能力，鼓励员工为组织的成功作出贡献的过程。赫尔曼·克努森（1995）则将员工参与简单地定义为员工参与工作地和公司的决策。上述定义尽管在表述方面存在差异，但都表达了员工参与的一个共同概念，即员工参与雇佣组织的决策过程。

在对员工参与的定义进行不同维度界定的基础上，不少研究者尝试从员工参与分类的角度进一步剖析和明确这一概念。K. Odaka（1975）根据日本调查的经验材料将员工参与定义为四类：作为建议（suggestion）的参与，即在大多数情况下，员工通过以个人身份分别提出技术、人际等方面的建设性意见来影响决策，这是一种说出来（speak-up）的模式，如员工意见调查（employee opinion survey）就属于这种方式；作为咨询（consultation）的参与，即员工或员工代表与管理者及其代表就企业的改进和改革计划进行讨论，在这个过程中，企业的最终决策或决议并不是由员工一方作出的，但员工可以自由地表达自己的意见、想法和批评，职工代表大会、职工委员会均属于这种模式；作为共同决策（co-determination）的参与，即员工及其代表与管理者及其代表定期会谈，共同决定企业的各项规章制度和决策，在这种情况下，员工不仅能够参与到决策过程中，同时也有义务参与决策，企业也为此过程提供制度化的保证；作为自治（self-government）的参与，即员工群体完全有权利进行经营和管理方面的决策，分享企业的管理权，小到项目团队，大到员工自治委员会都属于这种情况。

马塞尔（1989）认为，可以依据社会生活的不同领域对员工参与加以定义和划分。在企业生产过程中，员工以集体形式实现一个工作目标，可称为技术性参与（technical participation）；而参与企业中生产成果，即经济利益的分配过程，则可称为财务或分配性参与（financial participation）。对于群体或企业一般社会生活或活动的参与，可称为社会性参与（social participation）；而参与企业或其他组织的决策过程，则应称为政治性参与（political participation）。沃尔和利兹彻伦等（1997）将员工的参与行为分为直接参与和间接参与两种类型，将间接参与行为称为“员工参与”（employee participation），而将直接参与行为定义为“员工介入”（employee involvement）。他们认为，员工参与从本质上讲是一种集体主义，即员工通过代表以集体的形式与管理方交涉，形式也多以集体的参与行为为主，例如，集体谈判、工人委员会、职工代表大会等；而员工介入则更多地强调个人主义，雇主更多地愿意激发员工个体的参与意识，希望依靠员工对生产流程、技术创新等方面的信息优势，使员工对组织产生责任感和作出贡献，进而提高生产效率和组织绩效，因此，多采用诸如“员工持股计划”、“合理化建议”、“工作再设计”、“质量小组”、“民主对话”等强调个体的自上而下进行的参与方式，并试图通过这些方式拉近与员工个人的距离，以此来抵制工会作用的发挥。

（二）弱势员工与边缘化概念的社会学及管理学意蕴

1. 弱势员工

弱势群体（social vulnerable group）也称社会脆弱群体、社会弱者群体，它是一个主要用来分析现代社会经济利益和社会权力分配不公平，社会结构不协调、不合理的概念。

弱势群体被作为社会学研究对象始于20世纪初的美国，在20世纪50年代一直是社会学、政治学和社会政策学研究中的核心概念，但是目前国内外关于社会弱势群体的界定，仍然没有十分权威的文献。按照社会学界、社会工作和社会政策界的基本共识，所谓社会弱势群体，是指那些由于某些障碍及缺乏经济、政治和社会机会而在社会上处于不利地位的人群。这个人群由于获取社会资源支持的能力较差，导致其经济利益的贫困性、生活质量的低层次性和承受力的脆弱性，他们往往难以依靠自身的力量或能力来保持个人及其家庭成员最基本的生活水准，需要国家和社会给予支持和帮助。

实际上，欧美社会政策和社会福利文献中有弱势群体（Social Vulnerable Groups）和劣势群体（Social Disadvantaged Groups）两个概念，两者的内涵和外延有所不同。欧美学者大多从身体健康方面的缺陷造成其参与市场竞争和社会生活能力受到严重影响来界定弱势群体，也称为社会脆弱群体、社会弱势群体。根据美国社会工作专家罗斯曼的理解，缺乏生活机会而造成依赖性的人群是弱势群体，他们包括年老体弱的个体、身体残疾或精神残疾的个体、父母丧失监护资格或丧亲的儿童（Rothman，1995）。舒尔曼和吉特满认为，弱势群体是指那些被无力控制的环境和事件所压倒的个体，包括无家可归者、艾滋病人、社会和家庭暴力的牺牲者等（Shulman& Gitterman，1994）。而劣势群体主要是指那些长期处于系统性和结构性不利状况的群体。弱势群体的概念范围可以包括劣势群体的含义，但是劣势群体不包括弱势群体，即弱势群体是母概念，劣势群体是子概念，是弱势群体概念的进一步发展和细化。劣势群体与弱势群体的联系在于，二者在社会生活中都处于困难境地，从概念上讲是一种包含于关系。而二者之间的区别更为明显：弱势群体是指那些在社会生活中没有劳动能力或独立生活能力，以及曾经有但又丧失了劳动能力或独立生活能力，比较脆弱和易受伤害的群体；劣势群体则指那些虽有劳动能力或独立生活能力，但长期在就业和生活的各个领域中处于不利境况的群体。这种不利境况主要是由社会的结构性因素和制度性安排造成的，是生活机会和社会资源分配中长时间存在的系统性不公平待遇所致（张谦，2002）。

2002年，国务院首次在《政府工作报告》中明确提出“弱势群体”这一概念。此后，弱势群体的相关问题引起了社会各界前所未有的关注。国内学者在研究中通常使用社会弱势群体的概念，将弱势群体视为社会弱势群体的简称。他们从社会分层、资源享有、社会地位、社会保障和经济援助等不同角度对社会弱势群体的含义、构成、特征、产生原因等进行分析和研究，形成了“能力脆弱论”、“政治社会地位论”、“贫困群体论”、“相对弱势论”等不同表述观点。郑杭生（2003）认为，弱势群体是指那些依靠自身力量或能力无法保持个人及其家庭成员最基本的生活水准、需要国家和社会给予支持和帮助的社会群体。孙立平（2003）认为，弱势群体是在现实生活中处在不利状况，在社会、政治和市场竞争中都处于弱势地位的社会群体。沈立人（2005）认为，社会弱势群体是指由于先天或后天的条件制约而处于不利地位和生产、生活上有困难的社会群体。杨团

（2001）认为，弱势群体是社会各个群体中脆弱的一群，不是固定不变的，它的形成和演变轨迹是在一定发展时期内政治、经济、文化综合作用的结果。

也有研究者专门针对城市弱势群体和城市社会性弱势群体展开研究。关信平（1999）在《中国城市贫困问题研究》一书中指出，城市弱势群体是指城市人口中在经济收入、政治权力、社会生活的机会方面处于贫困状态的人群。何平（2002）认为，城市弱势群体主要包括下岗职工、"体制外"人员、进城民工和较早退休的"体制内"人员四类。史先锋（2007）指出，城市社会性弱势群体是以城市或城镇为主要居住地，由于社会转轨这一社会性原因而导致其成为弱势群体的人群或阶层。

在上述对城市弱势群体的考量中，不少研究发现了职业原因所引致的弱势结果，即弱势群体在职业中的延续性弱势。因此，本书将描述社会中由于某些障碍而处于系统性和结构性不利状况的弱势群体概念借用于组织内部，提出"弱势员工"这一概念，并将其作为研究对象，旨在描述企业内部由于个体和企业两方面因素导致的在资源享有、岗位分层、可替代性程度、决策机会等方面处于不利状况的员工群体。

2. **边缘化**

20 世纪 20 年代，美国社会学家帕克（R. E. Park）首先从通婚和移民的角度提出了基于种族或文化的社会成员"边缘化"（Marginalization）现象，随后心理学家勒温进一步提出了"边缘人"（Marginal Man）的概念。联合国教科文组织在 2010 年"国际教育咨询论坛"上将边缘化定义为：人们被系统地从他们所处社团的有意义的经济、社会、政治、文化和其他形式的参与活动中排除，从而否决了他们作为人类实现自己价值的机会。

从管理学的角度来看，边缘化是指个人、群体偏离中心或主流，逐渐走向边缘的过程（滕玉成、焦顺禹，2008）；员工边缘化是指员工逐步从主体中心地位流向边缘的过程。有学者提出"组织边缘人"的概念，将其定义为：在企业中对组织文化特别是核心价值观不太认同，没有真正地融入企业之内，长期处于企业系统的边缘，并且未能通过个体与企业的共同努力顺利完成内化，从而导致工作满意度、归属感、组织认同感、忠诚度不高的员工（李树，2009；李宁琪，2010）。此外，国外学者提出的“隐形员工”（Invisible Employee）（Gostick，Elton，2006）、“边缘员工”（Marginal Worker）（Bauer，Morrison，Callister，1998）、“组织外部人”（Outsider in the Organization）（Thomas，Helena，Anderson，2006）、“圈外人士”（Outsider in the Group）（Graen，1995）、职场排斥（Workplace Ostracism）（Robinson，2008；Williams，1997，2001）等概念也有类似的内涵，大多从群体或个体层次研究员工的边缘化。

组织内部管理活动中的边缘化员工主要表现出以下特点：

第一，边缘化员工信息渠道狭窄。边缘化员工的社会地位决定了其在组织中获得的信息量少、沟通半径小、沟通渠道狭窄。究其原因，是因为主流势力对这部分成员的冷遇，促使其他成员逐渐疏远边缘化员工，客观上阻塞了边缘化员工的信息沟通渠道。

第二，边缘化员工参与决策的机会欠缺。主流势力的冷遇与淡忘，使边缘化员工基本没有机会参与组织决策。加之边缘化员工获得信息的渠道狭窄，其作决策的信息依据已支离破碎，导致边缘化员工参与组织决策的机会几乎为零。

第三，边缘化员工的工作安排与个人兴趣差异性较大。边缘化员工往往被视为无能力、不会干的员工，在工作安排与开展工作过程中，很难体现其工作与个人兴趣的结合，多数情况下，二者的差异呈逐渐加大的趋势。

第四，多数边缘化员工在组织内存在人际关系信任危机。在负面心理压力的作用下，被边缘化的员工如果要逐渐寻找公平的回报机会，他需要努力干好分内的工作。但由于处于边缘化地位，这部分员工的许多表现很难被领导或管理者重视，在此情形下，边缘化员工可能会无端猜疑，这种猜疑不仅会影响个人绩效，也会影响其与其他员工的关系。同时，在恶性循环中，组织的整体人际信任关系也会遭遇危机。

第五，边缘化员工的上升空间较小。个人在组织内的上升空间，主要受素质、能力、业绩、人际关系等诸多因素的影响，由于前述几个方面的影响，边缘化员工的上升空间逐渐缩小已是必然趋势。

本书关注的重点是员工在参与管理中的边缘化问题，希望通过实证结果探究员工在参与活动中远离中心这一现象，发现并归纳参与管理中的边缘化员工的特征、远离参与中心的原因以及缓解边缘化的机制。

四、国内外相关研究述评

西方国家在描述"员工参与"时，经常使用的术语有：Employee involvement，employee participation，labors' participation，worker's participation，management by participation，participative management，等等。我国学者在研究员工参与问题时也常常有不同的说法，包括企业民主管理、员工参与、职工民主参与、员工建言等。管理学、经济学、社会学的研究始终保持着对这一话题的关注。

（一）员工参与程度影响因素的研究

从既有文献来看，有关员工参与程度影响因素的研究为我们提供了考察员工参与程度高低原因的思路，员工参与影响因素主要集中在两个维度，即个人因素和组织因素。另外，组织行为学还特别关注了领导因素对员工参与的影响。

1. 个人因素

以往的文献研究表明，员工的不同特征会对员工参与行为产生不同的影响。

第一，员工人口学特征的影响。根据 Khalid Othman Alyahya（1994）的研究，性别在参与决策上呈现出显著性差异，男性愿意进行各种类型的参与，而女性则倾向于进行咨询性参与。Denton 等（1993）也发现，与男性相比，女性的参与意愿要低。我国学者籍林（2013）认为，男性建言的可能性要高于女性，同时指出，随着员工学历的增高，发生建言的频率也逐步增高，而职位对于员工建言的影响也是正向的，职位越高，对员工建言的影响越大。学者们在有关年龄方面的研究则出现分歧，Khalid Othman Alyahya（1994）发现年龄和参与意愿之间没有显著差异，但 Robert W. Miller 等（1992）的研究却发现较为年轻的员工对参与更加感兴趣。就婚姻状况而言，David（1995）认为结婚的或有小孩的员工参与的积极性小，但是 Denton 和 Zeytinoglu（1993）的研究却表明已婚或未婚、有小孩或无小孩的员工在参与积极性方面不存在显著差异。此外，员工学历也是影响参与的重要因素，杨帆、李业川、周卓华（2008）指出，民营企业中高学历员工与低学历员工所需要参与管理的内容在个人利益、部门事务和企业发展三个纬度上均不存在显著性差异，但在与个人利益相关的参与管理内容中，高学历员工与低学历员工在有关员工培训进修问题和晋升调职问题的参与管理内容方面存在显著性差异，民营企业高学历青年员工较低学历青年员工更愿意参与培训进修及晋升调职问题的事务。吴伟东（2014）专门针对农民工的参与行为进行了研究，发现年龄较小或者受教育程度较低的农民工参与企业民主管理的机会受到限制。在中等规模的企业内务工、从事生产和服务类岗位、单位工龄较短或者没有签订劳动合同的农民工，其在企业中的民主参与程度相对较低。

第二，员工参与意识和参与能力的影响。Hacher 等（1991）的研究表明，员工参与的意愿是影响员工决策有效性的关键因素，员工参与意愿强，其投入的热情自然较高，在参与的效果上也较为明显。Glew（1995）的研究表明，对员工参与管理影响比较大的个人因素包括员工的性格、意愿和工作态度。金莹、李志、唐孝云（2004）针对民营企业自身的特点，对民营企业员工参与的影响因素进行了分析，指出现实中民营企业员工参与的积极性不高，其中员工个人层面的影响变量包括员工个人的参与意识、员工对自身能力的判断以及从众心理三个方面。王彬彬和赵增耀（2005）在研究员工参与的影响因素时发现，员工素质与参与意识会影响他们的参与水平。

第三，大量的组织行为学研究指出，员工的人格特征会对参与行为产生影响。David（1995）的研究发现，成就动机、独立自主性、自我效能感、自我意识等都会造成员工参与程度的不同。Dyne（1998）认为，员工的工作满意度越高，建言行为就越容易发生；员工的敬业程度越高，建言行为也越容易发生。根据 Premeaux 和 Bedeian（2003）的研究结论，内控程度的提高使得员工个人内心的自尊度升高，自我监控低的员工更倾向于建言行为，而自我监控高的员工则不容易发生建言行为。与内向型或者神经质的员工相比，外向型员工更会主动或者更容易进行建言（王家轩等，2008）。员工自身的个人控制感也是影响员工建言的一个重要因素，控制感高的员工以期望值为出发点，其动机是较高的期望值，从而也会有高频率的建言行为发生；对于低控制感的员工，以他对现状的不满意动机为基点，也有高频率的建言行为的发生；相对来说，控制感居中的员工的建言行为最少（Tangirala，Ramanujam，2008）。积极、主动型人格与员工的参与行为呈正相关（梁建、唐京，2009；Crant，Kim，Wang Jie，2011）。另外，还有研究人员特别关注了中国传统文化对员工人格的塑造及其对参与行为的影响，指出中国文化下的员工不会轻易地否决领导的想法和制度，在组织当中表现出更多地遵从权力倾向，很少有人愿意挑战领导的意愿（尤其是在自己的想法和领导的想法不一致的情况下），更多是采取服从的态度而不是建言（魏昕、张志学，2010）。

第四，员工在组织内的职业特征也是重要的影响因素。Khalid Othman

（2005）的研究表明，随着员工在组织中等级层次的提升，参与度也随之提升。黄坚学（2006）指出，不同职位的员工在信息分享、认同和公平报酬上存在显著差异，这种差异反映在了参与意愿上：在信息分享维度上，基层管理者的参与意愿显著弱于中层管理者和高层管理者；在认同和公平报酬这两个维度上，基层管理者的参与意愿显著弱于中层管理者。杨帆等（2008）对管理人员和一般员工的参与意愿进行研究比较时发现，参与管理的重要性对管理人员来说比对一般员工更重要，因此，其参与意愿也更为强烈。谢玉华和黄菲（2009）的实证研究表明，随着层级的升高，员工参与管理的意识、机会、程度和对员工参与管理的评价也随之提高。李佳佳（2011）认为，工作绩效与员工建言正向相关，当员工的工作绩效越高，建言行为就越容易发生；而在员工的工作绩效低的时候，就会削弱建言行为发生的频率。

2. **组织因素**

Mark A. Shadu 等（1999）的研究表明，支持性的组织气氛会提高员工的参与度；W. B. Lin（2006）也肯定了组织气氛与员工参与之间的相关关系；Tucker 和 Chmiel 等（2008）的调查研究进一步表明，在组织支持感与员工建言之间的正向关系当中，同事的支持感起到了中介作用。张震、马力、马文静（2002）利用中国员工的数据探讨了组织气氛与员工参与之间的关系，他们对全国 148 家企业的 904 份调查问卷进行了单因素方差分析和逐步回归分析。研究结果表明，员工参与变量有显著的所有制差异和地区差异。低科层性的、创新性的和支持性的组织气氛会显著地提高员工的参与水平；企业的科层式管理体制是影响员工参与水平的最显著因素。高晶晶（2011）指出，组织支持感对员工建言有着正向的相关性，即员工在组织当中感受到的组织给予他的支持感越强，他的建言行为就越容易发生。王宏民（2010）的研究得出，组织氛围是否和谐，建言渠道是否通畅与员工参与行为发生的频率高低呈正相关。此外，员工在组织当中产生的安全感也与员工建言正向相关（李锐等，2009；吴隆增等，2011）；组织的公平感知对员工建言也有正向的影响作用（段锦云、王重鸣等，2007）。

Rainnie（1984）经过调研分析指出了企业规模和行业对于员工参与的影响，研究认为，在小型企业中，劳资关系趋向于雇主与雇员之间建立一种合作、相互尊重、通过参与和沟通理性解决问题的关系，他还指出，尤其是在印刷业和制衣业，和谐的劳资关系代表了这一趋势。Conner（1992）的研究表明，组织的规模越大，员工参与决策的程度就越高。但Heller（1998）提出了相反的观点，他认为组织规模的大小与参与程度呈负相关。Lepine 和 Van Dyne（1998）的研究也指出，组织越大，涉及的人、事、物越多，人际关系越复杂，员工就越不容易表现出建言行为。相反，在组织的规模较小，建言行为渠道相对宽泛的情况下，员工的建言行为就越容易发生。除此之外，Elizabeth F. C 等（2002）的研究表明，咨询性的参与与组织规模呈正相关，而授权性的参与与组织规模呈负相关。Khalid Othman Alyahya（2005）则发现，组织规模与员工参与度呈现显著性差异，相比而言，在规模较大的组织中，员工更积极参与决策。

关于组织结构类型，很多研究者认为扁平式的组织结构有利于员工参与，如 Ihsan Hammud 等（1997）认为，扁平化的组织有利于分权化及信息流通，这都是保证员工参与有效性的关键因素。另外，王彬彬、赵增耀（2005）认为，组织结构扁平化、管理幅度扩大、对组织成员充分授权将会使员工参与度更高。很多研究者也表明，对于员工在组织中所处的等级层次，处在组织中较高地位的员工更容易参与：如 Vroom 等（1960）指出，参与不太适合在组织中的较低层次（工作是程序化的）实施，而应该在较高层次（工作比较复杂）实施；Khalid Othman（2005）的研究也表明，随着员工在组织中等级层次的提升，参与度也随之提升。

组织文化是另一个影响员工参与的组织因素。EliSopow（2006）指出，健康的组织文化有利于创造积极的组织参与氛围，可以使员工之间产生高度的信任感和有效的沟通；而不健康的组织文化则会产生不信任和不良的沟通，从而影响参与效果。刘善仕（2004）依据 Liket 1976 年提出的四种管理模式理论，对广州地区的 405 个样本进行调研分析，探讨了管理模式与员工价值取向相匹配而形成的不同类型企业在管理绩效上的差异。最终得出结论，在个体取向文化的企业，员工参与程度越高，企业的管理绩效越好，其主要体现在美国和欧洲一些具有个人主义文化传统的国家中；在集体取向文化企业，员工参与程度越高，企业的管理绩效并不一定越好。也就是说，价值取向不能直接影响管理绩效，却能通过与管理模式的交互作用影响管理绩效。同时，价值取向与管理模式匹配对管理绩效的影响并不普遍有效。

Vroom 和 Yetton（1973）在他们的决策树模型中提到，员工参与决策的程度取决于决策成本、决策质量、决策的可接受性和下属的发展。Elizabeth F. C 等（2002）的研究也发现，咨询性的参与与成本优先的领导战略呈正相关，而决策性的参与与成本优先的领导战略呈负相关。

另外，员工参与在很大程度上受到组织制度的影响，缺乏组织制度保障的员工参与很难产生长期的实际效果。金莹等（2004）系统地研究了组织制度对民营企业员工的影响，他们把组织制度分为反馈机制、参与渠道、奖励技术、组织气氛、利益安全五个方面。王彬彬等（2005）指出，劳动制度会影响员工参与，采用外部劳动市场的企业和采用内部劳动市场的企业在员工参与程度上有差异。除此之外，从我国企业管理的实践来看，企业组织的职工代表大会、工会组织都是有效保障员工参与的制度化形式，对于员工参与管理有着明显的积极作用。

3. 领导行为因素

大多数学者都认为，变革型领导可以影响员工的参与和建言行为，而且这种影响是正向的（Detert，Burris，2007）。还有学者认为，企业的发展需要合理化的、有建设性的建议，在这种建议的发生过程中，领导的变革性是一个很重要的影响因素（梁建、唐京，2009）。王一楠（2007）的研究也证实了在组织当中，领导的变革性可以促进建言行为的发生。吴隆增等（2011）的研究也得出相同的结论，在组织中，变革型领导与员工建言行为呈正相关。

李锐和凌文铨等（2009）通过对领导方式方法的研究得出结论，在领导的工作方式中，督导方式的运用对员工的参与行为有负向的影响。在工作中，没有人喜欢被督促和监督，轻松的工作环境更易于员工工作积极性的提高和参与行为的发生。上级的信任和放权管理能促进参与行为的发生，王毅楚（2010）研究发现，领导的支持感可以影响员工建言，并且员工的自我效能感知在领导支持感与员工建言之间起到了中介作用。梁建明（2007）的研究也指出，在组织关系当中，同事之间的关系是否和谐对员工能否提出合埋化建议有着较强的预测作用。同事之间关系越好，员工越容易发生参与行为；同事之间钩心斗角、互相算计，组织越不容易有建言行为的发生。

在研究领导模式与员工参与的关系中，信任式领导方式和放权式领导方式对员工参与存在正向相关性并有较强的预测作用。相反，监督式、集权式的领导方式对员工参与有负向的影响（Fath，1997；王宏达，2009）。领导成员交换关系也是影响员工参与的重要因素，双方之间关系的好坏对员工建言有着较强的预测作用（王处一，2011）。领导的风格属于和谐式的和和蔼式的，平时的工作当中能够平易近人经常与员工沟通，并且对员工反映的意见都能够认真思考有一个热情的态度时，员工更愿意参与，更愿意说出自己的想法（Van Dyne & Kamdar，2008）。对于管理模式与员工参与的关系，一些学者研究了开放性管理和监督式管理与参与的关系。Dorio（2009）对 107 家餐厅的 3377 名员工和 398 名职业经理进行调查研究发现，在各种管理模式的选择当中，开放式管理对员工参与的正向影响是最大的。在这种管理模式下，员工参与行为的渠道很宽泛，使得参与行为有了可能性，工作的环境很和谐，提出来的建议即使由于各种原因没有被采纳，也会受到赞赏而不是鄙视，因此，人的被需要感就容易在这种宽松的氛围内产生，参与行为也就很容易发生。

（二）弱势员工参与程度的研究

国内学者对于特殊员工群体参与问题的研究并不算多，目前，查阅文献能够获得的一些资料集中于对新生代员工、农民工和派遣员工等相对弱势员工参与状况的调查。

周卓华等（2010）的研究表明，青年员工参与意识要强于中老年员工。还有学者指出，青年员工相对于传统员工有着更强的发展性需求（李志、梁建春，2002），年龄越小的员工对于民主管理的需求也越强烈（翟洪昌等，2004）。

吴伟东（2014）基于厦门、天津和深圳等10个城市的1021份农民工问卷调查数据的分析表明，农民工的企业民主参与水平较低，在个体层面和集体层面“实际参加”占比分别只有13.4%和7.7%。进一步运用Logistic回归模型分析农民工企业民主参与的影响因素，结果表明：年龄、受教育程度以及务工企业的规模、岗位类别、单位工龄和劳动合同签订情况影响显著。年龄较小或者受教育程度较低的农民工，参与企业民主管理的机会受到限制。在中等规模的企业内务工、从事生产和服务类岗位、单位工龄较短或者没有签订劳动合同的农民工，企业民主参与的程度相对较低。农民工来源地、性别、企业所有制、行业类别和工作更换次数等变量影响不显著。

肖巧玲（2013）对365名劳务派遣工人的调查显示，劳务派遣工在用工企业的员工参与程度并不高，且主要是以知识分享、信息分享方式参与为主，在权力分享方面存在较大不足。

第二章

员工参与的外部环境与条件

——参与实现的现实约束

企业员工参与主要发生在工作场所，但受到企业外部环境的深刻影响，这些外生环境变量是影响员工参与程度、形式、主体关系等的重要约束条件，主要包括经济环境、政治环境和社会环境等因素。本章将就三类主要环境因素对企业员工参与的影响展开剖析。

一、经济环境对企业员工参与程度的制约

1. 经济体制对企业员工参与整体水平的影响

经济体制是指国家管理国民经济的制度与方法，包括国民经济各部门的组织管理形式、管理权限的划分、管理机构的设置等。它涉及中央、地方、企业经济组织和劳动者个人四者之间的关系，根据管理权限在四者之间不同的划分方式，可以把经济体制分为集权型和分权型两类。前者是国家既掌握整个国民经济活动的决策，又掌握微观组织各项经济活动的决策；后者是国家主要掌握整个国民经济活动的宏观决策，但企业组织的经常性经济活动和决策权由企业自行掌握。

两种经济体制对企业员工参与的影响和作用有很大差异，在集权型的经济体制下，微观企业内部的大部分经济活动也交由政府掌握，留给企业和员工自主决策的领域和空间非常狭窄，作为企业决策主体的管理方尚且无法获得充分的经营管理自主权，员工参与的实现就更加困难了。而经济体制的分权型特征是实现企业员工参与的重要基础，国家和企业在宏观经济领域和微观经济领域中有明确的职责划分，国家主要掌握国民经济活动

的宏观决策，企业享有微观组织内部经济事务的自主管理权。由于决策权由微观组织自行掌握，这就为实现企业内部权力的分享和员工的参与奠定了重要基础，也只有在这一体制下，才可能提高员工参与的层次，丰富员工参与的内容。

2. 社会经济结构对企业员工参与的制约

社会经济结构是指一定社会的物质资料生产方式，它是整个社会大系统的物质基础。社会经济结构由生产力和生产关系两大子系统构成，它制约着社会经济生活、政治生活和精神生活，并决定着整个社会的面貌。从比较宽泛的角度来看，社会经济结构对社会的决定性作用必然会在一定程度上影响企业的员工参与情况，其内部结构的完善和平衡将对微观组织的员工参与水平产生持久且稳定的推动。社会经济结构中的生产力是企业员工参与的物质基础，而劳动关系作为生产关系的一种重要形式，其形态和水平本身就将对企业员工参与产生直接的影响。

3. 市场状况对企业员工参与水平的影响

影响企业组织员工参与水平的市场状况包括产品市场和劳动力市场两个方面。产品市场的竞争程度和变化速度都将通过企业的应对行为对组织内部的员工参与发展产生影响。一方面，所在行业竞争激烈但行业环境变化较为平缓的企业，其竞争优势的关键在于降低产品成本和提高产品质量，而各个部门以及个人在寻求更高的效率上往往具有上限。因此，企业发展要求部门之间的协调，要求员工的参与合作，发挥企业内成员间、部门间的协同效应。另一方面，所在行业环境变化迅速的企业，产品的快速更新势必要求其员工知识的快速更新。企业为了适应市场需要，往往倾向于更换员工，为组织输入新鲜血液。在这样的环境下，员工会更注重自身专业技术知识和能力的积累，有可能相对弱化参与管理的意识。不过从另一个角度来看，当前产品市场面临不确定性和竞争加剧，企业要想在激烈竞争和快速变化的市场环境中立足并发展，应变能力的提高是一个重要保证，员工作为面对顾客和市场的“前线主体”，他们更能够敏锐地发现企业在生产经营等方面面临的问题，因此，员工在技术创新、产品更新等方面的参与对于企业迅速发现问题，把握市场机会非常重要，这可能在一定程度上促进了企业对员工参与的鼓励和支持。

劳动力市场的特征将对员工参与产生更为直接的影响，对员工来说，当劳动力市场处于相对宽松的状态时，员工的市场力量增强，在企业中的话语权和权利主张能力相应得以提升，开始有可能关注基本的劳动条件以外的其他保障和权益要求，参与的热情有了发挥的机会。相反，当劳动力市场处于供大于求的紧张状态时，无论是企业内部还是外部，就业压力都显著增大，与资方讨价还价的谈判力量相应下降，此时，员工将降低对自身权益的要求，优先满足就业，因此，员工参与的积极性将会受到打击。但是，在紧张的劳动力市场条件下，也可能存在另一种完全相反的情况，即劳动者在权益极度受损时，只得采取另一种比较激烈的参与手段，如停工、静坐等，并通过这种形式的参与进行权益的要求和主张。也就是说，供需相对平衡或劳动者力量占优的劳动力市场环境，能够为员工参与提供良好的物质基础和与资方抗衡的市场力量，是推动企业员工参与发展的重要力量，但这并不是必然的，当窘迫的劳动者失去了市场力量，又缺乏其他改善境况的手段时，也可能会要求增加员工参与，并且很有可能求助于非制度性的甚至是暴力的参与手段，以求得自身境况的改善。

4. 经济发展水平对企业员工参与的影响

经济发展水平包括主体经济状况的绝对水平和相对水平，即组织内成员经济状况的高低水平和公平程度。

尽管没有明确的研究证明主体经济状况与参与热情之间存在因果关系，但是必须承认，贫困对基层组织员工参与的影响是多方面的。根据马斯洛需求层次理论，如果企业中有些成员的基本生活需求没有得到保障，他就不会有兴趣去关心更高层次上的需求。健全的员工参与系统要求健全的参与者，长期生活拮据可能会损害组织成员的身体健康，在体力和精力方面不足以支持他们更多地参与集体活动和关心组织事务。

长期处于贫困之中会使人变得愚昧无知，这不仅是因为长久的身心疲惫限制了他们应对集体活动的能力，从而变得离群索居，难以沟通，最主要的是他们无法获取参与集体事务管理的足够信息和自信，参与管理所需要的基本素质也因长期贫困而难以形成。基层民主参与需要经过大量的讨论、组织活动和频繁的交流，时间与耐心是必不可少的条件。对身心健康且经济条件良好的人来讲可能是最正常不过的付出，但对贫困者来说却会造成更多的心理负担。①

同时，组织中如果存在严重的贫富不均，生活条件富裕者往往成为各种参与活动的实际控制者。因为公益事务、集体事务往往涉及他们在更高层次的精神方面需求，丰衣足食会使个体有更多闲暇和意愿去关心和参与所处组织中涉及自己及他人利益的事务，这也是组织内部存在间接参与的一个重要原因。

劳动关系从本质上看是一种重要的经济关系，无论是其整体系统还是内部的子系统，其运行都将受到经济环境的影响。这其中的经济体制、经济结构和经济发展水平是影响企业员工参与发展的重要的制约条件，但需要指出的是，良好的经济环境是员工参与健康发展的重要保障，但并不是员工参与存在的必要条件，这一点在实践中也可以得到验证，员工参与的行为在不同的经济体制、经济结构和经济水平条件下都可能存在，其主要的差异存在于性质、水平和程度上。

二、企业员工参与对政治环境的依赖

1. 企业员工参与对政治民主的依存性

以普曼、克罗齐、亨廷顿和哈耶克等为代表的有限民主理论学派将

---

① 刘元文．相容与相悖——当代中国的职工民主参与研究．北京：中国劳动社会保障出版社，2004

“民主”具体化为政治民主、经济民主、社会民主和国际民主四个体系。企业组织内部的员工参与属于经济民主的范畴，作为一种基层民主，其运转表现出了对于政治的高度依赖性。这一点与劳动关系的特殊性有关，劳动关系从本质上看是一种经济关系，它反映了劳资双方对于利益的不同要求和分割，但是劳动关系并不是单纯的经济关系，它还表现出明显的社会性和政治性，法律、工会、政党等都与劳动关系的具体形态存在紧密的相关性。

从政治民主的内涵来看，它倡导的是主权在民、正义、自由、平等，甚至是哲学意义上的真、善、美的追求。它认为，社会民众是国家权力的本源，是国家权力的原始和最终的拥有者，因此，现代政府在统治方式上不可以也不可能通过暴力、专制等手段来迫使民众屈从，可行的方式只能是法律、契约、协商等更具人文内涵的手段。根据政治民主的要求，维系社会的根基不是血缘、宗法制度或权势，而应该是社会主体之间的相互尊重和各种关系间的平等契约，以及以各自追求为出发点而达成共同追求的旨归。另外，从政治民主的制度安排来看，实现民主主要依靠的是投票、选举、议会等制度，以及确保权力得以限制、民众权利得以维护、社会秩序得以稳定的各种配套制度，这些制度的出发点和精髓在于使权力具有“公共性”，其表现是“社会成员的共同参与管理”。从这两点来看，企业员工参与在内涵和制度设计的出发点上与政治民主具有深刻的渊源，因此，宏观层次上的民主——政治民主的充分实现将对微观层次的企业员工参与产生重要的推动力。

2. 政府治理影响企业员工参与的发展方向和空间

政府治理的内容、价值取向及态度影响企业员工参与的发展方向和空间。从政治学的角度看，治理是指政府管理的过程，它包括政治权威的规范基础、处理政治事务的方式和对公共资源的管理。治理的目的是在各种不同的制度关系中运用权力去引导、控制和规范公民的各种活动，以最大限度地增进公共利益。[①] 在影响企业员工参与的诸多外部环境中，政府治理的内容、方针政策和价值取向将会影响员工参与的发展方向和空间。

政府治理的重要目标是建立和保持各种利益关系的平衡，对于劳动关系领域的问题也是如此。政府治理的具体途径是公共政策，包括货币政策和财政政策、就业政策、教育和培训政策以及其他政策，其中就业政策、教育和培训政策等能够对企业劳动关系和员工参与产生相对直接的影响，货币政策和财政政策等也会通过宏观经济环境来影响各企业的劳动关系和员工参与程度。能够对企业员工参与产生正面影响的政府治理应该是规范和健康的政府治理，也就是在恰当的价值取向引导下的相对完善的政策体系。政府通过对各种相关政策的调节和引导，调整力量格局，外化其对于员工参与的态度和调节方向，这种外化的政策和内在的价值取向能够对劳资之间的力量对比关系产生深入的影响，并在很大程度上影响企业员工参与的发展方向和生存空间。

政府态度在这里特指不同政府在劳动关系领域持何种态度，不同的政府态度将会产生不同的政府行为，进而对社会活动的运转产生不同的影响。一般来说，政府对劳动关系的态度建立在两大理论基础上：一元论和多元论。一元论认为，微观组织是一个统一的、无矛盾的整体，组织中所有人有共同的价值观、共同的利益和目标。资本所有者和劳动者只是合伙人，相互之间没有利益冲突，管理方的特权是天然合理的，因而雇员应该完全服从管理者的意志。多元论认为，就业组织是由目标不同、相互独立的群体组成的，是利益多元化的联合体，管理方与雇员之间存在矛盾是合理的。这些矛盾源于劳资双方不同的角色、不同的目标，需要注意的是，劳资双方的这些矛盾不是不可协调的，在劳资关系中，可以建立一套为双

---

① 俞可平．治理与善治．北京：社会科学文献出版社，2000

方所接受的程序和方法，比如，通过谈判达成一致，雇员有权利结成正式的工会以表达自己的意愿，寻求对管理方的决策施加影响，达到他们的目的。政府对劳动关系的不同假设将直接影响其对于企业发展员工参与的态度和相应的决策，并进一步影响员工参与制度的建设等问题，如 Hugh Clegg（1975）就在《产业关系中的多元论》一书中指出，多元主义理念是实现产业民主的基础。

3. 劳动者意见的社会表达渠道影响企业员工参与的发展

劳动者享有的在宏观层面自由充分表达意见的权利和渠道也会影响企业员工参与的发展。普通劳动者对与自身利益相关的事情发表看法、提出意见和要求的途径有宏观和微观两种，除了本文所研究的企业层次的员工参与路径之外，劳动者还可以通过一定形式参与到宏观层面的政策制定中，这可以称作劳工政策参与，即普通员工以公民的身份参与和影响政治系统决策过程的行为。这两种参与方式是相辅相成的，劳动者享有在宏观层面表达意见的权利和相应机制，必然会影响员工在企业内部发出声音、参与企业决策的程度。

劳动者通过政策参与，能够更好地争取和保护自身及自身所属集团的利益。随着经济多元化和政治民主化的发展，越来越多的员工为了各自的利益，主动参与到政治生活中来，政治参与的途径也日益丰富。一般来说，劳动者在宏观层面上的政策参与有以下几种形式：一是民意代表体制，在我国集中体现为人民代表大会制度。二是政治协调体制，在我国主要体现为在中国共产党领导下的多党合作政治协商制度。三是社会监督体制，我国的社会监督体制包括很多方面，其中与劳工关系最密切的是社会政治团体中的工会监督，通过这一途径，劳动者可以更直接地实现政治参与。除了通过工会进行政策参与外，劳动者还可以利用社会监督体制中的其他部门，如党纪监督部门、行政监督部门、司法监督部门等实现参与监督。四是民意表达体制，这种机构主要有两类：一是政府性民意表达体制，主要有信访制度、调研制度等；二是舆论性民意表达体制，这是为政府重大技术性决策出谋划策而建立起来的政策参与体制。[①] 上述这些宏观参与机制的健康运转，能够帮助普通劳动者更深刻地理解参与的内涵和方式，势必对劳动者在企业中意见的表达产生积极的影响，并使他们获得更高层次上和更广范围内的参与收益。

4. 法律政策的保障和制约

一个社会的正常运转离不开法律政策的制约和保障，当企业员工参与各项活动的内容和原则通过法律的形式确定下来，并成为企业组织管理中自觉遵守的行为规范和准则时，员工的参与行为就很自然地获得了权威性和普遍性，同时也能够更加稳定地运行，因此可以说，企业员工参与的法制化和制度化是使其能够正常生存和健康运转的影响因素。

一般来看，法律政策调整劳动关系及其各项内容的基本方法是：确定主体的法律资格，确认可以获得的实体性权利和可能承担的实体性义务，确立相应的程序性权利和义务，建立专门的国家机关并确定其职权、职责，专门机关依职责主动处理有关法律问题或者受理案件、处理纠纷等。[②] 这些方法在调节企业员工参与时同样适用，就中国的情况来看，对企业组织内员工参与的法律规定体现在三个层次上，即宪法依据、基本法依据和行政法规依据，这些法律依据的意义不应止于制定，更重要的是能够具有普遍的约束力，得到充分落实，同时能够随着社会关系的不断发展进行相应的调整。

三、社会环境对企业员工参与的浸润

1. 社会文化对员工参与的浸润与影响

社会文化是一个社会在历史发展过程中，经过长期的历史积累、筛

---

① 刘元文．相容与相悖——当代中国的职工民主参与研究．北京：中国劳动社会保障出版社，2004

② 常凯．劳权论：当代中国劳动关系的法律调整研究．北京：中国劳动社会保障出版社，2004

选、沉淀并世代相传的，对各种社会关系、社会行为、社会理想等问题的主观认识及思想反映，包括伦理道德、价值观念、信仰以及社会思潮、社会风尚等内容。文化作为人类历史活动的方式、过程和结果，也可以看成是一种特定的社会关系的具体存在形式。从这一意义上讲，文化具有利益性、目的性、社会性和群体性的特点，它能够影响主体的思维方式和行为方式，其中自然包括工作场所中的员工、工会、管理者等，因此，必然会对企业层次的员工参与产生重要影响。

在不同的社会文化环境下，劳动关系的模式也是不同的，与之伴生的，劳资双方主体对于员工参与的判断和理解也会有很大差异。如果社会文化表现出对于劳动的尊重和对普通劳动者参与意愿和能力的认可，并认为企业层次的员工参与活动具有显著的重要性和积极作用，那么，政府和企业就会通过制定政策，促进员工参与的实现，扩大员工在企业决策中的影响力，员工也将对参与投入更大的热情，从而产生更积极的参与行动。文化的影响是潜在的、不易察觉的，它通过社会舆论和媒介来产生影响，对于违反社会文化规则的个人和组织，虽然惩罚不像法律那样具有强制性，但其作用不可低估。以美国的传统文化对员工参与的影响为例，劳动者和企业都相信且遵循“意思自治，契约自由”的理念，劳动关系的运行主要依靠市场和契约的力量，这样一种相对松散自由的传统文化观念也直接影响了美国企业员工参与的形式和程度。美国员工参与管理多由企业自发组织，国家一般不干预，也极少制定这方面的法律法规。其最主要的参与形式和特色是职工持股计划，即强调员工的经济参与和个体参与。

具体来看，社会文化对企业员工参与的影响主要表现在两个方面：一是社会文化通过影响劳动关系的形态进而影响企业员工参与。一定的观念、态度和价值判断等社会文化基础将对劳动关系的表现产生深刻的影响，也将直接影响和反映劳动者与企业双方的地位和力量对比，并进一步影响员工参与的程度。尊重劳动、尊重劳动者、认同劳资平等的社会文化将对企业员工参与产生正面作用。二是社会文化还将从更深层次对企业员工参与产生影响。因为从更广泛的视角来看，社会文化和意识形态将会影响工作、工作价值观、工作成就的来源等职业文化，同时对从属性、依赖性、信任度等劳动关系主体之间的关系也会产生深入的影响。

2. 社会结构对员工参与公平性的影响

社会结构的内涵包括广义和狭义两个方面，广义的社会结构涉及政治、经济、文化和生活等领域的结构模式，包括群体、家庭、人口、文化、产业、民族、地域、宗教、阶级、阶层、权力等方面的结构；狭义的社会结构是指由社会分化所产生的各社会地位群体之间相互联系的基本状态，这类群体主要有阶级、阶层、群体、职业群体、宗教团体等。[①] 无论是广义还是狭义的理解，社会结构的基本状况都会对企业员工参与的产生与发展产生重大影响，这其中对参与水平及公平性产生显著影响的，主要是社会分层的状况。

社会分层是指社会成员由于财富、权力、教育或特权等的差异而分为不同等级，在社会秩序中具有不同地位的现象。[②] 进行社会分层有两个重要的假设前提，一是承认社会上实际存在着不平等；二是处于不同分层上的人群由于大致相同的职业和可资利用的社会资源，其社会价值观与行为取向也具有某些相似性。而处于不同层次上的人群，不仅在社会价值观方面存在着明显的区别，而且对改变现状和进行社会变革的愿望与要求，也持有明显不同的看法与态度。社会分层实际上反映了不同人群在社会利益结构中所处的实际位置，反映了人们对社会资源的实际占有情况。同时，社会分层又是一种直观的、表面性的结构，人们可以直观地感到自己和自己所在的人群处于社会的上层、中层还是下层，从而感受到自己在社会上

---

① 刘元文．相容与相悖——当代中国的职工民主参与研究．北京：中国劳动社会保障出版社，2004

② 陈国强、石奕龙．简明文化人类学辞典．杭州：浙江人民出版社，1990

和政治上的地位和环境。通过这样，处于不同社会分层的人群之间就不可避免地保持了一种较稳定的隔离状态，使得彼此难以沟通，并有可能积累起很深的偏见。不同阶层人群之间的分层越明显，利益差别越大；偏见越深，越难以沟通。[①] 这种情况对于参与制度的普及与巩固，对于企业员工参与的公平性都会造成不利的影响，因此，逐步淡化社会阶层之间的隔离状态，形成扁平化的社会分层结构，对于提高企业内普通劳动者的参与热情，改善员工参与的效果有积极的推动作用。

通过更深入地考察影响企业员工参与的具体社会分层情况，我们发现，其既涉及整个社会的分层状况，也包含产业工人阶层内部的分层状况。根据陆学艺（2002）对中国社会分层进行的研究，产业工人阶层，即“在第二产业中从事体力、半体力劳动的生产工人、建筑业工人及相关人员”，在社会阶层结构中所占比例为22.6%，与其经济地位较为相似的商业服务员工阶层为12%，两者相加占社会阶层结构中的三分之一。[②] 这两类人员是劳动者的重要组成部分，但是由于这两类劳动者自身的文化素质较低、可利用的社会资源不足，又缺少相应的社会表达机会，因此，在企业中开展参与活动时往往会遭遇许多限制，也是参与中最容易受到忽视、合法权益最容易受到伤害的群体。

因此，从社会结构的角度来看，一方面，要推进社会结构的扁平化趋势，在全社会范围内，降低阶层之间的分化程度，减少不同社会成员之间的偏见；另一方面，要从改善劳动条件，建立完善的社会保障体系等保护劳动者权益的角度出发，逐步缓解产业工人内部的分层状况。这两方面的社会结构调整对于提高企业员工参与水平尤其是推动公平性可能并不是直接的，但非常重要和持久。

---

① 刘元文. 相容与相悖——当代中国的职工民主参与研究. 北京：中国劳动社会保障出版社，2004

② 陆学艺. 当代中国社会阶层研究报告. 北京：社会科学文献出版社，2002

3. 劳动者社会参与的实现程度影响企业参与的程度

社会参与是一个意义宽泛的概念，广义上的社会参与是指社会成员通过各种形式对国家和社会公共事务施加影响的各种活动，即普通公民自下而上影响社会公共事务决策的活动。员工参与国家与社会公共事务的活动是以社会公众的身份出现的，参与形式分为直接参与和间接参与两种。直接参与是指劳动者以个人身份直接参与国家与社会公共活动，直接表达自己的意见与要求，个人也直接承担参与行为所带来的后果。间接参与则是由劳动者民主推荐、选举的代表或代表机关来代表自己进行社会参与。无论何种形式的社会参与，其目的都是向社会表达自己的愿望和要求。

实现持久的、经常的、制度化的、有效率的社会参与将对员工在企业内的参与产生重要的影响。其一，社会参与的较好实现能够为基层民主参与创造良好的社会氛围和社会基础，使其扎根于社会公众的理解与支持之中，便于进一步发展；其二，员工通过行之有效的社会参与获得参与经验，有利于其在企业参与活动中更加游刃有余，争取实现更多的利益；其三，员工通过有效的社会参与学会合作、增强参与的信心和热情；其四，员工在社会参与中逐步养成宽容精神，有利于在企业内部营造出尊重个性发展，尊重民主的氛围；其五，社会参与的积极作用也会影响企业经营者和管理者对本企业内部员工参与的态度。

第三章

员工参与中的主体行为与关系

——多方互动对参与状况的形塑

一、员工参与意愿的形成——两种框架的解释

在员工参与实践中，我们经常可以看到同样的一个参与项目，有些员工积极投入，有些员工却毫无热情、消极应对。迥然不同的行为表现受到多种复杂因素的综合影响，其中员工的参与意愿是影响员工参与效果的关键因素，员工参与意愿强，其投入的热情自然较高，在参与的效果上也会更为明显。

员工参与意愿在员工参与活动的实际运行中是一个非常关键的环节。员工参与意愿影响员工的参与行为，主动积极的参与行为能够带来比较理想的效果，改善员工的工作态度和绩效，而消极被动的参与行为则不利于员工参与项目的开展。影响员工参与意愿的因素有很多，例如，Huang 等（2005）采用某跨国公司在 24 个国家的 421 部门共 136018 名员工为样本进行实证研究，发现权力距离和参与氛围对员工参与意愿有显著影响，在权力距离高的国家，员工只有在感知到较强的支持氛围时才愿意参与。Moye 和 Langfed（2004）发现，员工对组织和管理层的信任感知能增强其参与意愿，在感到管理者愿意分享决策信息和权力时更愿意参与。本章将在已有研究提供的影响参与意愿因素的基础上，尝试建立员工参与意愿的解释框架，这是后文进一步理解员工参与行为逻辑及参与效果的基础，研究将重点探讨计划行为理论和收益成本理论对员工参与意愿产生及其程度高低的解释。

（一）计划行为理论的解释

Ajzen（2001）提出的计划行为理论（The Theory of Planned Behavior, TPB）可以成为分析员工参与意愿的有力理论。该理论认为，个体行为受到行为意愿的最直接影响，行为意愿则受到态度、规范性信念（normative belief）和行为控制认知（perceived behavioralcontrol）的影响。态度是个体对行为的喜好程度，规范性信念来自社会压力和个体的主观规范，行为控制认知则是个体对控制行为与难易程度的个体感知。三者对个体的行为意愿施加影响，从而决定个体的行为。同时，个体感知到的行为控制会在一定程度上直接影响个体行为。

计划行为理论建立在学习、信息加工、激励、期望—效价、认知与归因等理论的基础上，由于对个体行为具有很好的解释力，被应用到了许多研究领域，并且得到了很好的实证检验（Ajzen，2001；Armitage & Conner，2001；Sutton，1998；Sebastian et al. 2003；段文婷、江光荣，2008）。Dawkins 和 Frass（2005）用这一理论解释工会会员的员工参与决策，也得到了验证。按照 TPB 理论，员工对参与项目所持态度、员工的规范性信念以及员工所感知的行为控制决定了员工的参与意愿，从而进一步地影响员工的参与行为。

在此解释框架之中，员工的参与态度指其对员工参与项目的肯定或否定评价，以及员工对自己参与行为的安全性判断。员工在感知到自己的参与行为受到鼓励或者没有负面影响的情况下，才愿意主动地参与。不过，这在中国文化背景下员工表现得比较隐晦：一方面，员工参与要求将员工放在他们以前并不是其中一方的决策系统之中，要付出精神上或时间上、精力上的成本。员工被要求放弃他们对决策者的依赖，而员工之间却要相互依存，必须尝试学会与他人进行合作，彼此之间进行沟通、交流，还要尝试掌握有关经营管理的新知识，这既包括专业技术知识，也包括法律知识、社会知识等。另一方面，他们还必须准备付出工作之外的时间进行调查、计算、参加会议、进行辩论等活动，作为一个整体，他们需要对企业负责，对自己的决策负责。

除了体力付出之外，精神上的付出可能是更显著的。尤其在中国企业典型的高权力距离文化下，员工要向管理者提出自己的建议，往往要承受很大的心理压力。在访谈中我们发现，一些员工远离参与、放弃发言机会的意愿主要是因为“成为异类的担心”，担心领导认为自己是个“刺头”，担心提出意见之后“枪打出头鸟”，从而受到歧视性待遇，因此不愿意向企业提出意见或建议，而是更愿意选择“搭便车”的行为——分享员工参与可能带来的劳动条件和劳动者权益的改善，但不愿意作为“推车人”主动参与其中。所以，即使在正常情况下，员工参与主体也不会是企业组织中的全部员工。只有当员工认为自己在组织内可以畅所欲言并且不会招致不利后果时，他才会愿意主动参加各种员工参与项目，对企业的经营管理或者自身的利益诉求发表观点。

员工对参与所持的规范性信念指员工在参与中所面临的社会压力，这主要源于员工的主观规范性认知，即员工对组织在道德上所持的义务感。个体对组织所持的责任感越强，越倾向于采取主动的员工参与行为。在中国的很多企业中，员工受“主人翁”意识形态的教育和影响，对企业具有较强的归属感和认同感，并且由于企业一贯重视思想道德教育，员工对企业会有较强的义务感，这是非常有利于员工主动参与的。另外，根据社会交换的互惠理论（reciprocity），人们会帮助那些帮助过他们的人并以回报施恩，当员工认为组织对自己很好，自己在企业内非常受重视时，员工也会有一种对组织的义务感，觉得自己应当积极地表达观点帮助企业发展。在访谈中，一些员工代表和参与活动的积极分子也表达了这一观点。

其实没有什么（参与的）特别原因，你人在这里工作，怎么可能不希望它（单位）好？说难听的，你现在有吃有喝有钱花，肯定是因为有稳定工作啊。去提建议也是为了企业好，这都是责任所在，我觉得有责任心的人，都会这么做。不光是我。（访谈对象：YG0407[①]）

我可能平时比较热心吧，工作好坏其实大家都一样，不过领导确实对我不错，也给了不少机会，那参加这些活动，帮助收集一些意见反映上去，这也是应该做的。（访谈对象：YG0104）

员工感知的行为控制是指人们在相信其有能力执行该行为时才会采取行动。人们总是在能够控制行为后果的时候才更愿意从事该行为。Ajzen（2003）提出，行为控制认知包括自我效能（self - efficacy）和控制力（controllability）两个维度。如果员工认为自己在企业内很有价值，并且受到了企业的重视，管理者对自己很信赖，那么员工就具有较高的行为控制感知，会倾向于积极参与。不过，从现实情况来看，随着市场化的深入推进和社会转型的加剧，员工在和管理方的力量对比中越来越处于弱势，“主人翁”的思想认知已经几乎无人提及，取而代之的是“被雇佣者”“打工者”这样的认知和概念，员工在面对强大的管理权威时，可能感到自己微不足道、不受重视，于是会对参与项目持冷眼旁观的态度，认为即便参与了也不会取得好的效果。在访谈中，不少放弃参与机会和行动的员工也表达了类似的解释，员工往往还未参与就开始质疑参与的后果，认为向企业提出的建议不会得到重视，也几乎看不到改善的可能性，因此不愿意提建议，也不愿意更多关注参与活动。也有员工表示在企业内自己只是个微乎其微的小人物，位卑言轻，提出建议可能也不会被采纳，还不如不提，不用给自己找麻烦。但凡持这种观点的员工，在员工参与活动中都会

---

① 访谈对象分为三类，编号有所区分，YG 为“员工”，GH 为“工会工作人员”，HR 为“人力资源部工作人员”，前两位数字代表企业编号，后两位数字代表此类对象的编号。YG0407 代表第四家企业员工访谈中的第七位员工。

比较消极。Tangirala 和 Rujam（2008）也提出员工所感知到的影响力或行为控制会影响其参与行为，因此，结合 TPB 的行为控制视角，我们可以认为，如果员工认为自己在企业内很重要、提出建议会受到重视，他们就会有积极参加员工参与活动的意愿和行为。

根据 TPB 理论建立的解释框架有效地解释了员工的参与意愿和参与行为问题，同时，也为员工在参与活动中的分化提供了理论注解。参与行为受到参与意愿的影响，而参与意愿又取决于员工的参与态度、规范性信念和行为控制认知，这三个变量可能会受到诸多因素的影响，如员工过去的经历；年龄、性别、学历、工作年限等人口学特征；控制点、成就动机、自尊、自我效能等个性特征，诸多因素的综合作用，使得员工的参与行为呈现出多元化的状态。

（二）员工对参与收益与成本的衡量

当我们在访谈中问及一些员工不愿意加入某一参与活动的原因时，常常会得到一个反问，“这个事情我做了于我有什么好处”、“去做员工代表常常要开会，有时候还会受夹板气，图什么呢”。“图什么”和“为什么”是员工对参与或对组织本身出现消极态度时最经常“质疑”的问题。尽管在影响员工参与意愿进而影响参与行为的因素中，成本收益分析可能并不是一个明确存在的阶段或过程，但必须承认的是，员工对参与收益与成本的衡量结果势必会影响员工是否参加某一参与活动或项目的决策。

根据员工收益能否物质化这一标准，即员工收益是否能以金钱来衡量，我们将员工参与的收益分为两大类：经济性收益和非经济性收益。

1. 员工参与的经济性收益

经济性收益一般是指那些能够对员工参与产生外部强化作用的物质收益，员工经济性收益的增进与改善一般是从参与结果中获得的，参与过程本身给员工带来的经济性收益比较少。譬如，一些鼓励员工参与的企业会因为员工的积极参与而给予一定的物质奖励，但此类收益在参与收益中所占的比例和分量都比较低，这里主要研究参与结果给员工带来的经济性收益提升。

厘清这一问题，需要了解员工参与的大致内容。一般来说，企业中能够提供给员工参与的内容大致包括三个方面：一是社会事务，即企业内有关劳工福利及劳动条件等问题，如工作时间安排、在职培训、休假规定、工资拟定等；二是人事事务，即企业内人事问题的决定，如员工雇佣、调遣及解雇等；三是经济事务，即有关企业生产、财务及销售等问题，如生产计划、企业财务状况、生产与销售情况等的讨论和分析。员工从这三方面参与内容中都可以获得相应的经济性收益。一般来说，员工可以从社会事务的参与中直接获得经济收益的提升，主要指通过参与获得包括工作时间调整、工资拟订方式确定和工资数额变化，以及休假时间变化等问题的解决给员工带来的益处。这些问题主要涉及劳动条件、劳动时间、工资收入、劳工福利等方面，关系到员工最切身利益的改善，且绝大部分属于经济性改善。员工从人事事务和经济事务中获得的经济性收益往往是间接的，通过介入企业的人事决策和经济事务决策，在一定程度上提高决策的科学性，企业可能因此获得更大的发展，如果企业愿意将这部分发展成果与员工分享，员工就能够从中获得一定的经济性收益。

需要特别指出的是，员工作为劳动者一方通过参与获得自身权益的改善，这种经济收益的获得存在一个“约束条件”，即企业的接受性和接受程度，也就是说，员工能够从参与中获得的经济收益高低，不仅仅与参与方式、参与内容等有关，同时还与企业的意愿密不可分，例如，企业愿意拿出利润的多少比例与员工分享是影响员工参与经济收益高低的重要因素。

另外，还应该指出的是，员工通过主动参与同企业进行利益再分配，从而获得的权益保障的提高和经济收益的改善，实际上也可以通过其他方式实现，譬如，政府的法律规定、政策保障，以及企业对员工权益的主动性保护行为。虽然能够实现类似的目的，但是通过参与的方式将员工对于劳动条件、员工福利等方面的要求与管理方进行沟通，并在不影响企业利润实现的前提下，最终增进员工福利，这一过程和形式本身就是一种员工力量提升的表现，员工的劳动条件不再由企业行政单方决定，而是“共同决定”的产物，这是完全不同的机制和逻辑，这种经济收益的获得也会与员工的要求和企业的需要更加契合。

2. 员工参与的非经济性收益

员工参与的非经济性收益较多体现在参与的过程中，包括员工从参与过程中获得的心理满足和能力提高。

员工能够从参与中获得心理满足。马斯洛的需求层次理论分析了需求层次及其作用规律，认为人有五种基本的需求，即生理、安全、归属、尊重和自我实现。随着物质生活的逐渐丰富，劳动者的低层次需求基本上得到了满足，开始追求更高层次的需求，而员工参与管理正是劳动者自我实现需求的一项重要内容：人总是希望能最大限度地发挥自身的潜能，达到所追求的目标，这种潜能的发挥和目标的达成正是在参与的过程中实现的。同时，参与还是一种赏识的手段，它能够满足员工归属的需要和受人赞赏的需要，给人以成就感，增强员工的自信心。这一点在我们的访谈中也得到了证实，在访问到每年积极提建议、参与企业决策的员工时，我们都详细询问了员工积极参与的原因，很多员工表示自己的积极行动“当然不是为了钱，但收获了很多”，实际上，持这种态度的积极参与者从参与中获得的更多的是一种对自身的肯定，强烈的成就欲望促使他们在参与中一直保持积极的态度。

员工通过参与能够获得能力上的提升。与参与伴生而来的，是对各类新知识和新技能的掌握，尽管参与者要花费额外的时间来学习自身工作之外的一些内容，包括参与技巧、沟通能力、决策能力等，但这些知识和技巧的掌握确实在一定程度上提高了员工的能力。

具体来看，员工从参与中获得的心理满足程度和能力提高程度与员工参与的层次、内容、方式、阶段密切相关。

第一，员工参与的层次。员工参与可分为三个层次。一是仅听取报告的假参与（Pseudo Participation），这是一种低层次的参与，员工只是在企业的社会事务方面有一定的参与权，但在人事和经济事务方面，雇主对于员工仅有报告企业营运情况的义务，员工也只有听取报告的权利。二是参与讨论的部分参与（Partial Participation），相对于前一种参与层次，这种参与程度要高一些。员工除了在社会事务方面有较高的参与外，对于企业人事和经济事务也有参与讨论、交换意见及提出建议的权利。但员工在这些事务方面的参与，只限于影响决策，无法参与决策制定，最后的决定权仍在雇主及管理者的手里。三是共同决定的完全参与（Full Participation），这是最高层次的参与。雇主在社会、人事、经济事务等方面的决策，应得到员工的同意才能通过。共同决定建立在员工能够获得有关信息，且能参与讨论的基础上，若劳资双方意见不一致时，须通过协商或妥协途径以谋求解决。[①] 一般来说，员工参与的层次越高，带给员工的心理满足越大，能力的提高程度也越高，但是正如前文所述，相对较高的收益也意味着员工要承担相应的成本。

第二，员工参与的内容。员工参与的内容决定了员工影响的范围、发言的影响力以及员工能力提高的程度，因此对员工非经济性收益的影响是显著的，我们可以从两个角度对员工参与管理的内容进行分类。一是从企业最高层到最底层（基层）的决策序列划分，包括“远距离”决策内容，如企业战略、投资决策、生产安排、财务管理等；“中距离”决策内容，如部门决策等；“近距离”决策内容，如现场决策等。二是以企业决策内容的性质排列，可分为重大决策，如企业投资、企业财务、企业利润分配

① Pateman, C. Participation and Democratic Theory, Cambrige, CambrigeUniversity Press. 1970

等；涉及劳动者切身利益的重大问题决策，如各种改革方案、措施等；劳动人事管理决策，如工资、奖金、福利、劳动、人事等；日常决策，如各管理层次的日常生产、经营安排、调度等；细微事件，如建自行车棚、小卖点的位置等。[①]

以上两种排序都是参与内容重要性逐步弱化的序列，参与内容的重要性将在很大程度上影响员工的心理满足感和对自身能力与身份的认可程度。就员工的一般要求而言，当员工所能参与的内容涉及企业发展的重大决策和劳动者切身利益的重大问题决策时，员工更能够强烈地感受到自我实现需要的满足和企业对于自身能力的高度认可，也能够督促员工学习更多高水平的决策技巧。

在实践中，员工参与的内容可能涉及上述的各个方面，不同员工能够介入的决策内容和实现的参与程度是存在差异的，因此，不同员工从参与中获得的心理收益也不尽相同。同时，员工个体存在差异，因此，即便是相同的参与内容和层次，也会因为员工的特点不同而给他们带来不同的心理收益。也就是说，存在这样一种可能，决策内容的重要性并不高，但也可能会给员工带来较高的心理满足。这一结论给予我们的启示在于，企业在开展员工参与管理的实践中，要根据企业的自身特点和员工的个体特征，针对不同问题、不同员工群体，开展有针对性和适用性的参与活动。

第三，员工参与的方式。不论何种员工参与管理制度，从参与方式上均可区分为直接参与和间接参与两种：直接的个人参与，如合理化建议、质量小组、民主对话、职工大会等制度形式；间接的代表参与，如劳资协商会议、集体协商、职工代表大会等制度形式。从参与者的角度来看，直接的个人参与使得参与程度更深入，更能体现参与者个人独立的权利、利益和要求；而间接的代表参与在体现和顾及员工个体需要等方面则相对较

---

① 徐小洪．试论“工人参与管理”制度的评估体系．北京市总工会职工大学学报，2003（3）

弱，这两种不同的参与方式给员工带来的心理收益和能力提高是不同的，也会带来不同程度的参与意愿和行为。

第四，员工参与的阶段。在员工参与的不同阶段，员工对经济性收益和非经济性收益的关注和要求都会有所区别。在完善的社会保障体系没有建立起来，劳动者收入还普遍比较低的情况下，员工侧重于对收入、福利、劳动条件等经济收益的追求是正常的；在劳动关系协调手段尚未健全的社会环境下，一些对劳动关系认识较差的企业经营者，对劳动者的工资、福利等的克扣，这又从另一方面促使劳动者更多关心自己的经济利益。因此，在这种劳动关系环境下的员工对参与内容中涉及员工权益的部分会更加关心，更多重视的是参与为劳动者带来的经济性收益。当法制观念普遍树立起来，人们的经济生活水平得到普遍提高，尊重人性、尊重人权成为社会普遍遵守的行为准则时，员工对参与行为中的精神要求便有可能逐渐超越对直接经济利益的关心，此时员工也会更加注重通过参与获得心理上的满足。

我们目前观察到的一些高参与水平的案例在一定程度上印证了上述观点：员工能够从参与的结果中获取相应的收益，并转而再次积极投入参与活动中，从而形成一种“参与行为—获益—强化参与意愿”的良性循环。例如，浙江传化集团建立的员工参与制度，其于1995年建立职工代表大会，从2000年开始，企业职代会通过参与解决了职工内部积累式养老保险与社会养老保险接轨的问题，职工住宿拥挤和部分职工结婚用房的问题，员工生活区卫浴、空调、停车等设施完善的问题等，满足了员工的经济收益需求，员工对职代会的信任和参与热情也相应地大大提高①。

---

① 工人日报．尊重员工就是尊重企业自己——传化经验系列报道之企业民主管理篇，2010年11月29日01版

员工在参与过程和结果中可能支付的成本主要有以下几点。

第一，正常工作之外需要支付的，用于参与的时间和精力。这一点属于员工将在参与中付出的直接成本。对于员工来说，要做好参与工作就必须学会彼此之间相互依存，尝试理解其他利益相关者（包括其他员工、股东、企业经营管理者等）的观点，学会与他人进行合作、沟通、交流；他们还要尝试掌握有关经营管理的新知识，既包括专业技术知识，也包括法律知识、社会知识等；他们还必须付出工作之外的时间用于参与所需的调查、计算、参加会议，进行讨论等；作为一个整体，他们还需要对企业负责，对自己的决策负责。也就是说，要想成为一个好的参与者，需要面对许多工作之外新产生的问题，如牺牲休息时间、无休止的知识补习等，这些付出可能会让许多员工对参与望而却步，甚至让许多人厌恶参与。

第二，参与结果的不确定性。不确定性是决策不可避免的特点之一，由于环境的多样性和复杂性，许多企业经过悉心讨论达成的决策在实践中的效果可能并不令人满意。这一点对于员工参与进来的决策问题同样适用，也就是说，员工积极参与的结果反而可能会造成自己未来收益的不确定性，这对于员工参与的热情是一个很大的打击，也是很多员工惧怕和排斥参与的一个原因。我们在访谈中也发现，有不少员工对民主参与的结果持怀疑态度，还有一些员工在接受访谈时与我们讨论了员工参与成功的概率问题。

> 对这个员工参与，我是有质疑的，我们参与了能怎么样呢？公司就能永远赚钱？那不可能……劳心者治人，这是一个根本的道理，你的参与可能没有效果，反而给企业整个决策添乱了。这一点上咱们的国情跟国外不一样，员工素质摆在这儿呢。我不是很看好这个事情。（访谈对象：YG0909）

可见，参与结果的不确定性在一定程度上增加了员工参与的成本，影响了员工参与的意愿。

第三，参与带来的心理上的负效应。参与活动的开展会将雇员囊括进一个他们并不熟悉的决策系统中，让雇员做他们之前很少接触，并不擅长的工作，这对于雇员来说心理成本也非常显著，这种心理成本往往源于参与给雇员带来的心理压力。雇员被要求减少他们对他人决策的依赖性，变得更加独立且相互信任和合作，要自己承担决策的后果而不是坐等决策命令的下达，很可能还要改变原有的工作方式和态度，所有这些都要求雇员调整和发展那些能承受更大压力的潜力和能力。这些压力可能来自：不确定性、模糊性、复杂性和公司与家庭之间的矛盾冲突等，而传统上，这些压力更多的是与管理层相联系的。这也就是在我们的访谈中，很多员工认同员工参与的必要性和重要性，但当被问到是否愿意作为员工参与代表影响决策时，较多员工选择了犹豫或者否定的原因。

实际上，我们在问卷调查和访谈中都发现了员工在参与中的积极性缺失的现象，当与员工谈及劳动关系的相关问题时，更多员工关注和了解的是劳动合同、工资收入、社会保险等方面的问题，很多员工甚至并不认为参与是自己应该过问和关心的问题，员工中参与意愿非常疲弱，一个非常重要的原因就是员工认为参与“并没有什么用处”“积极参与对自己并没有什么好处”“好好上班有收入就可以，不太愿意浪费时间做这些”，员工对参与收益的忽视和对参与成本的过分扩大几乎成为此次调查中的一个普遍问题。

无论是TPB理论还是成本收益框架的解释，似乎都在一定程度上成为中国企业员工疲弱的参与意愿的一个注脚，本研究所进行的问卷调查和访谈看起来也印证了这一理论上的分析，被调查员工在谈及参与制度作用时相对积极的判断与表达参与意愿时的犹豫和消极形成了鲜明对比。

二、员工的两类参与行为及其差异

参与意愿是影响员工参与行为的重要因素，但从参与意愿到实际的参与行为并不是一个简单的直线逻辑，因为员工参与具体行为的发生还会受到其他诸多因素的影响。从意愿到行为的转化有两个重要的前提：一是决策涉及了参与者的特定利益，利益驱使人们去参与和接受参与；二是参与者本身从总体上承认决策所涉及的利益与自己的利益是一致的，他们只是试图通过参与使决策变得更为符合自己本身或组织的利益（李汉林、吴建平，2010）。在确认了这两个前提之后，员工会有何种参与行为表现呢？这是本部分着力回答的问题。

从员工的角度看，可以从两个方面来分析员工的参与行为：其一是员工的个体性参与，指的是围绕员工个体自身利益和价值展开的，以个体方式进行的分散性的参与；其二是员工的集体性参与，此种参与多为群体性的且是有组织的参与，既可以来自员工的非正式发起，也可以来自企业的正式发起，这种参与往往不是针对个体性的利益，而是针对员工群体或企业组织本身，在参与事务上既可以是在企业生产经营领域以外的，也可以是围绕企业生产经营及相关的制度规则的制定。

必须指出的是，无论是个体性参与还是集体性参与，任何参与行为都必然与个人的主观动机（motivation）和期待（expectation）相关联。一个员工若没有参与动机和自我期待，除去没有特定的参与制度加以保证等因素外，一般是由于自己在企业中没有认同感或自我发展愿望的缘故，因而工作中仅剩下消极的态度。相反，任何一个对自身利益、价值和发展有所考虑的员工，都会自主或不自主地参与到企业的各种业务或事务之中。正是因为有了自身的期待，员工才会有参与行为的原因动机和目的动机，才能为自身的参与行为提供合理的意义解释。因此，参与一般而言是一种合目的的行为。

从个体性参与和集体性参与的途径与方式来看，员工的个体性参与主要有以下几种可能途径或方式：

首先，员工在自身工作岗位上的参与，这种参与是最为一般的，也是最为广义上的参与，因为这种参与直接关系到员工基本的工作责任和自身的利益安全，一般来说，这种参与是组织的制度安排，即建立在分工基础上的制度性整合；其次，与这种一般性参与类似的是配置性参与，这也是基于企业的功能需要，通过制度来设定客观的业务目标，员工在其中并不需要从自身的主观能动性出发来参与，其实质效果也是一种制度性整合；再次，在这两种基本基于制度性安排的“被动”参与之外，组织会提供一些制度化的通道，来实现员工的自身职业发展，包括加薪、升迁和职业规划等，在这种参与中，员工就开始具有了强烈的主动性，其参与目的也经常与员工对未来的资源获取有关，更与员工的自我设计（self－design）和自我指涉（self－reference）有关，而且这种参与有助于提升员工对企业的组织认同，避免员工在企业中出现目标或意义的缺失，或失范状态；最后，参与和员工个体所具有的某种价值理念或原则有关，这种价值理念可能来自对企业的价值认同，也可能来自社会塑造的价值观或规范认同，从而让员工能够积极地参与到企业的事务中来，尽管这种参与往往与个体没有直接的或具体的自我指涉性利益参与关联，也不存在某种具体的客观目标。在一定意义上，这种参与直接促进了员工对于企业的责任感、认同感和归属感。另外，还有一些参与是一种不满的表达或申诉，有时这种参与很可能只是一种情绪的发泄或紧张的释放，比如，通过意见箱或向上级主管的越级表达，这些也许会给企业带来一些小摩擦，但往往也是一种缓解日常紧张的重要方式，以免日常的情绪或紧张无处发泄而积累成结构性的矛盾，不过，这种参与多数发生在组织结构的边缘。当然，还有一种可能的参与是更具有消极性的或破坏性的参与，一种因被动的处境而形成的参与行为，如打官司、上访乃至集体抗议等参与行为，这种参与通常源自员工的不满意度和相对剥夺感，因此可以作为组织团结失败的情形。

员工的集体性参与在企业实践中也有不同的表现方式：首先，最常见的是企业内部组织的各种社会性活动，包括文体娱乐活动、集体旅游、参与企业中的俱乐部或社团等，这些参与基本上不触及企业的生产经营，更多的是帮助企业内部提升员工归属感和彼此间的交流与社会支持，我们可以称其为社会性参与；其次，在一些企业中，我们也会看到企业组织员工参与到企业规章制度的制定中来，特别是关系到员工切身利益的规章制度的制定，也有企业让员工参与企业内部的相关考评和考核，包括对领导的考核，甚至参与领导的选用，这种参与已经进入了企业的组织制度层面，其带来的实质影响却不仅仅局限在制度层面，而是可能提升企业内部的组织认同、制度整合以及员工的自我满足感等，对于这种非常重要的员工利益表达的参与，通常需要有一种制度化的员工代表性组织（通常是工会或职代会）来辅助实现；再次，还有一种与此类似的员工参与，它是由企业方组织和主导的，这种情况下的参与更多的是一种意识，或者为了在企业内部获得一种仪式化的认可，或者为了应对企业外部的制度性要求，这就属于一种仪式性参与，不过，尽管这种参与具有“仪式性”或“走过场”的特征，但在一定意义上，它可以避免企业组织受到来自外部的或内部的各种挑战，我们认为这在制度整合上仍然具有一定意义；最后，目前企业文化建设相关的理念已经成为组织管理的新理念或新模式，因此，也会看到很多企业开始进行一些文化建设活动，组织和动员员工参与，以提升组织内部的文化认同感，塑造一种集体情感和归属，这种参与也可以说是一种社会性参与。当然，可能还有一些企业开始吸纳员工参与到企业内部的战略决策中来，可以称其为决策性参与，但是这种参与主要发生在经营领域，而不再是管理领域。从总体上看，员工的集体性参与更多地在于推动组织内部的集体情感和认同，同时促成制度性整合和提升员工满意度。[①]

---

① 李汉林、吴建平．组织团结过程中的员工参与．北京：中国社会科学出版社，2010

三、工会在员工参与中的矛盾角色

尽管员工参与的行为可以被划分为个体性参与和集体性参与两类，但从参与权利的内涵来看，员工行使参与权利是一种有组织的群体行为，有组织才能使每个员工的个体行为凝聚为统一而有序的群体行为，才能实现员工参与的目标。作为组织者，应该有广泛的群众基础，也应该有充分的代表性，从逻辑上讲，胜任这一角色的最佳主体就是工会（刘元文，2011）。然而，产业民主理论却认为，工会对于员工参与的态度是比较复杂的，一方面，工会要保持自身的独立性和战斗性；另一方面，工会又要保证劳动者参与权利的实现。在参与组织形式的引进问题上，工会的目标是既要提高工会会员直接参与决策的机会，同时又不削弱工会的代表地位以及在组织其他方面的影响力。[①] 在实践中，工会为了减少工人参与对于自身作用的消极影响，它们主要依靠多年经营所建立起来的组织网络优势，保全自己的实力，力图成为员工参与的倡导者和组织者[②]。

一般来说，工会对于企业内员工参与活动的抵制态度主要基于以下几个原因。

首先，工会担心员工参与的发展会导致员工工作强度的增加和工资的减少，认为管理者对员工参与这种内在激励的强调是为了有意淡化外部激励的重要性，换句话说，管理方仅仅是利用员工参与项目降低激励的成本，并迂回地达到其经营和管理目标。如果这些目标与缩减规模和企业合并有关，员工还会面临被裁员的风险，使自身的权益保障受到威胁。

其次，工会认为员工参与尤其是直接参与，是一个员工与管理方增进

---

① 杨体仁、李丽林．市场经济国家劳动关系．北京：中国劳动社会保障出版社，2000

② 按照劳动关系理论的解释，工会对于企业民主参与的态度是比较复杂的，工会一方面要保持自身的独立性和制约性；另一方面又要保证劳动者参与权利的实现。在参与组织形式的引进问题上，工会的目标是既要提高工会会员直接参与决策的机会，同时又不削弱工会的代表地位以及在组织其他方面的影响力。

沟通的过程，企业员工参与项目的开展会使管理方增加培训的力度，使员工更好地理解公司目标，学习参与项目所必需的技能，最后与员工共同分享参与项目的收益。如果在没有集体谈判和申诉程序的情况下，管理方能够平等对待并满足员工的需求，员工就会逐渐疏远甚至脱离工会，[①] 工会的代表职能会逐渐被削弱。

最后，员工参与发展所需要的新的工作组织，如工人委员会、工作生活质量小组等，会打破先前的工作小组，破坏工会的组织结构，特别是有可能改变工会会员和非工会会员之间的界限。另外，直接参与形式的发展会被认为是在逐渐破坏现存的代表制度，最终会削弱工会及其代表的地位和作用。

尽管存在诸多可能的消极影响和风险，但是从目前各国企业员工参与的发展来看，多数工会领袖在逐步接受员工参与的概念，并在实践中接受和引入员工参与组织和活动，同时还逐步将代表员工参与作为自身的一项重要职能。为了减少工人参与对于工会作用的消极影响，它们主要依靠多年经营所建立起来的组织网络优势，保全自己的实力，力图成为员工参与的倡导者和组织者。但是，工会总是怀疑员工参与的发展会削弱工会力量，因此一些西方国家的工会提出了以下建议：（1）雇员参与或加盟的所有方面都应服从工会的谈判。（2）雇员代表应根据工会代表选举机制产生。（3）工作参与小组中必须有工会代表。（4）任何情况下都不允许渐近破坏工会的组织结构或集体谈判。[②]

从中国的实践来看，中国工会虽然被定义为工人阶级或职工自愿结合的群众组织，但由于种种原因，却一直存在着脱离群众的现象（游正林，2010）。对于工会脱离群众的原因，邓子恢总结了三个原因：一是工会工作者未能明确地站在工人阶级利益的立场；二是工会工作者未能及时反映

① Verma, A. & Taras, D. G. Employee involvement in the workplace. In M. Gunderson, A. M. Ponak, &D. G. Taras. Union－management relations in Canada. Don Mills, Ont: Addison－Wesley Longman, 2001: 447

② 杨体仁、李丽林．市场经济国家劳动关系．北京：中国劳动社会保障出版社，2000

与切实代表工人阶级的利益；三是在工作方法中不是走群众路线，而是存在官僚主义和命令主义。工会在企业员工参与管理问题上的模糊角色是员工参与发展的重要障碍，同时，现实中工会在员工参与中的定位不清也遭到了底层工人的质疑，当有的工会无法承担起员工参与的组织者角色时，工人便会跨越工会转而采取其他方式实现话语表达的权利。

> 2009 年 7 月，吉林通化钢铁股份公司部分职工为反对建龙集团控股通钢集团，爆发了大规模的群体性事件。7 月 23 日上午，吉林省国资委部分领导、建龙集团部分高管到通钢召开重组大会，遭到近百名员工的包围抗议。“领导拼命向员工解释，但是没有办法制止。”之后的 7 月 24 日，3000 余名退休职工包围了厂区致使工厂停产，建龙高层随后到达厂区，却引起了事件的进一步升级，最后导致建龙集团的总经理被抗议者群殴致死。
>
> 通钢事件发生后仅仅不到一个月，2009 年 8 月 11 日，河南濮阳林州钢铁有限责任公司也发生了因为企业改制和重组矛盾引发的工人群体事件，近 3000 名工人聚集在办公区，要求就“经济补偿金和改制的不合理问题”讨个说法。林钢事件发生后，河南省委、省政府提出了六条意见，包括尊重广大职工的意愿，暂停改制工作；改制暂停后，有关企业出路和职工利益等问题，由职工代表大会集体决定等内容。时任河南省委书记徐光春也指出，从现在开始，凡企业改制重组必须经职代会讨论通过和社会稳定风险评估，否则无效。

显然，如果工会不能真正代表工人，不能真正维护工人权益，只是中介者、调解者，甚至是被资方所控制、操纵，那么，企业、资方完全可能制定、通过侵害劳动者权益的各项制度（徐小洪，2010），这就可能会激起更大的劳资冲突乃至群体性事件。

四、企业对员工参与的排斥与接纳

（一）从参与权到影响力——以管理权让渡为中介

员工享有参与权是参与行为得以实现的前提。这里讲的参与权是一种权利，是员工在相关法律中被界定的作为或不作为以及要求他人相应作为或不作为的许可，它表明行为的指向、范围及允许的程度。这种来自法律规定上的权利是至关重要的。也就是说，员工的参与权之所以成为“权利”，正是因为它源于法律规定并得到法律的支持和保护。

除此之外，员工参与权还来自作为劳动关系主体另一方的企业经营者、管理者的授予。法律对员工参与权的界定不管多么周到、细密，都不可能把企业的复杂性、多样性囊括其中，因而法律上对参与权的描述只能是宏观的、原则性的。因此，员工参与权的实现在一定程度上又取决于管理者、决策者对员工参与的认可程度、接受程度以及相应的行为表现。企业方主动接受和大力支持员工参与，会促使员工参与权的实现。相反，他们粗暴对待员工参与或采取消极应对的方式，甚至为员工参与设置重重障碍，就会大大影响员工参与权的实现，甚至可能使这种权利化为乌有。但从形式上看，其行为可能并不构成犯罪，以至于受到法律制裁。因此，从本质上看，员工参与权不仅仅是一个法律概念，也是对于管理权的一种分享，通过员工介入管理决策的制定，与管理层发生交互作用而影响管理行为。与传统的“劳动三权”即团结权、谈判权和争议权比较起来，员工参与权是一项更高层次的权利。如果说劳动三权注重的是劳资双方之间的利益差别与劳资矛盾的话，参与权注重的则是劳资双方的共同利益和劳资合作。①

---

① 常凯．劳权论——当代中国劳动关系的法律调整研究．北京：中国劳动社会保障出版社，2004

影响力则是一种力量，依靠这种力量可以造成某种特定的结果或局面，也就是使他人的行为符合自己意图的目的性。Lawler 根据员工参与的影响力的不同，将员工参与分为平行建议参与、工作参与和高度参与。平行建议参与对于决策的制定有建议权，但并非一定被重视或者采纳；工作参与是员工对于与自己工作相关的过程或决策发表意见；高度参与则是员工可能参与企业管理的方方面面，甚至是企业以及自我发展和生活影响，这样的参与发挥了员工全方位的理解力，给予员工自由化的参与和建议权。不过，由于员工参与的程度不好衡量，而且员工参与在管理决策中所起的作用并非显而易见的，因此，员工参与从权利转化为影响力并不是一件容易的事。在员工的参与兴趣、参与能力、参与内容相同的情况下，法律所确定的权利越多越大，其参与行为所产生的影响力也就越广越深。但就参与所形成的影响力来说，其受体是企业，它不是消极被动的接受者，会通过管理和制度来控制其具体的活动内容和活动范围，这就在法律规定的参与权上限之内，制约了影响力实现的程度。

影响员工参与的因素包括员工参与的状况、意志集中的程度、组织者的作用以及权力接受者的排拒情况（刘元文，2011），其中权力接受者的排拒情况指的是企业这一主体的态度。由于员工参与活动的最终目的大都是要改变单位的决策，从而它涉及更深刻的利益分配关系。因此，虽然国家法律和单位规章制度规定了员工参与的内容，但在实际操作过程中，企业经营管理者是否愿意接受员工参与，支持或反对参与是体现在表面上还是表现在“暗箱操作”上，是积极创造员工参与的渠道和机制还是设置障碍从中作梗，都会影响员工参与实际所形成的影响力大小甚至作用的方向。

研究证明，员工参与能在很大程度上提高员工的满意度，提高组织绩效，并有助于在企业内构建和维系和谐的劳动关系。员工的参与行为不仅取决于外部的制度环境，而且还取决于操作上的组织制度安排，以及雇佣双方主体的互动。为了达到组织绩效和员工发言权的双赢，企业应在适当的参与层次，确立多种参与渠道和形式，如合理化建议、意见调查、自我管理团队等，加大员工参与的力度。

同时，仅有丰富的参与渠道还远远不够，企业还应当营造支持性的参与氛围。在调查中，我们发现超过一半的员工对民主参与表现出无所谓的漠然态度，认为员工参与是形同虚设的，积极参与也不会有什么好的效果；还有部分员工担心向企业提出建议会影响管理者对自己的看法。可见，在企业内形成参与型的企业文化和氛围，对于提高员工的参与积极性是至关重要的。而这种支持性参与氛围的营造，关键在于管理者的重视和管理行为的改进。只要员工认为自己在企业内很重要、提出建议会受到重视，他们就会有积极参加员工参与项目的意愿和行为，努力表达观点帮助企业发展，或者为自身利益问题积极表达诉求寻求适当的解决途径，使劳动关系达到良性互动。

我们在 2007 年对 67 家企业共 751 位员工进行的问卷调查也在一定程度上反映了这一问题，调查中我们发现，有接近一半的员工（40.5%）从未主动向企业提出过任何建议或意见，提出两条以下的员工也有 30.6%，也就是说，超过 70% 的员工实际上是游离于参与之外的。同时，调查还追问了员工感受到的企业对于员工合理化建议的重视程度，认为“比较重视”和“很重视”的仅有 23.1% 的员工，企业缺乏支持性的参与氛围，员工难以在参与过程中获得回馈和反映，这能够在一定程度上回答员工参与不够主动的原因。

（二）员工参与在企业内实现的载体——中国企业员工参与制度的变迁与现状

1. 中国员工参与制度的建立与发展

第一，中国员工参与制度的初步建立——新中国成立到改革开放之前。

1949 年 9 月通过的《中国人民政治协商会议共同纲领》第三十二条规定：在国家经营的企业中，目前时期应实行工人参加生产管理的制度，即建立在厂长领导之下的工厂管理委员会。私人经营的企业，为实现劳资两利的原则，应由工会代表工人职员与资方订立集体合同。1949 年以后，解放区公营企业的管理体制被延续下来并成为全国统一的企业管理体系，早期国有企业实施的民主管理形式，主要是“员工代表会议”“工厂管理委员会”和“职工代表大会”。

1955 年，中共中央明确提出，要在全国企业中建立严格的企业管理“一长制”，这一制度从管理逻辑上来讲是符合现代化要求的，但它在一定程度上削弱了职工民主管理的作用，一些企业由于过分强调厂长个人的权威和领导作用，废止了原有的工厂管理委员会的职工代表会议，实际上中断了企业民主参与制度。

1956 年 9 月，中国共产党第八次全国代表大会作出决定，在一切企业中实行党委集体领导的制度，也就是党委集体领导下的厂长或经理负责制，以及党委领导下的职工代表大会制。1957 年 4 月，中共中央在《关于研究有关工人阶级的几个重要问题的通知》中也提出，必须扩大企业管理中的民主，扩大职工群众参加企业管理的权利，发挥职工群众对于企业行政的监督作用。在中央的大力推动和社会主义建设实践中，中国企业逐渐形成了独具自身特点的民主管理体制，最具代表性的就是“两参一改三结合”制度①。随后 1961 年制定的“工业七十条”正式确认了这个管理制度，并建立了党委领导下的职工代表大会制度。当时，毛泽东把“两参一

---

① 1960 年 3 月，毛泽东在中共中央批转《鞍山市委关于工业战线上的技术革新和技术革命运动开展情况的报告》的批示中，提出以苏联经济为借鉴，对我国的社会主义企业的管理工作作了总结，强调要实行民主管理，实行干部参加劳动，工人参加管理；改革不合理的规章制度；工人群众、领导干部和技术员三结合，即“两参一改三结合”制度。

改三结合”的管理制度称为“鞍钢宪法”，与苏联的“马钢宪法”① 相对立。

第二，中国员工参与制度的发展与转型——改革开放以来至20世纪90年代。

20世纪70年代末期开始的以市场经济体制为导向的改革开放，使中国社会和经济进入了一个全面转型与发展的新时期，员工参与也随着经济体制的改革和国有企业的发展而进入一个重要的转折期。

这一阶段的改革，基本思路是政府向企业放权让利，主要措施是扩大企业自主权，实行工业经济责任制（章迪诚，2008）。从1979年5月开始，原国家经委、财政部等部门在首都钢铁公司等8家企业进行扩大企业经营自主权试点，其中涉及员工参与的主要内容包括：企业在人事安排、员工奖惩等方面拥有一定权力，实施党委领导下的厂长负责制，建立职工代表大会制度等（张允美，2003）。1980年，国家经委在《关于扩大企业自主权试点工作情况和今后的意见的报告》中明确指出，试点企业要把职工代表大会制度建立健全起来。

长期沿用的以行政命令替代法律的做法，显然已无法适应经济体制改革的新形势，于是，1986年、1988年国家相继出台了《全民所有制工业企业职工代表大会条例》《全民所有制工业企业厂长工作条例》和《全民所有制工业企业法》，以法律形式正式确认了员工可通过职工代表大会对国有企业实行民主管理的原则，标志着中国式的员工参与制度走上了法制化的轨道（汪仕凯，2011）。

第三，中国员工参与制度的变革与新挑战——20世纪90年代至今。

---

① “马钢宪法”指的是以马格尼托哥尔斯克冶金联合工厂经验为代表的苏联一长制管理方法，其特点是：实行“一长制”；搞物质刺激；依靠少数专家和一套烦琐的规章制度，冷冷清清地办企业；不搞群众性的技术革命。与强调要实行民主管理，实行干部参加劳动，工人参加管理，改革不合理的规章制度，工人群众、领导干部和技术员三结合，即“两参一改三结合”的制度相对立。

应该承认，受多种复杂因素的制约和影响，中国很多企业的职工代表大会、董事会和监事会的员工代表，实际上不同程度地存在着被形式化的问题。1992 年 7 月《全民所有制工业企业转换经营机制条例》颁布后，这一现象变得更加明显。其核心问题之一在于企业人事权的决定上，根据全民所有制理论，员工是企业的主人，职工代表大会有权决定企业负责人人选；而根据国家所有的产权结构，企业为国家所有，代表国家的政府理所当然地有权决定企业负责人的选用。由此涉及企业管理机制即企业最高权力机构究竟应该是政府主管部门、职工代表大会还是管理委员会？

在这种格局下，根据国有企业改革的要求，1993 年 12 月，第八届全国人民代表大会常务委员会第五次会议通过了《中华人民共和国公司法》（以下简称《公司法》）。它为员工参与提供了更加明确的法律依据，其中规定了两个原则：一是坚持职工代表大会制度，二是实行董事会和监事会的职工代表制。按照要求，以国有独资公司、国有投资为主体的公司制企业，其董事会和监事会中应有职工代表，即职工董事和职工监事，这符合发达国家的一般做法，也为我国的职工民主参与增加了新内容。整体来看，《公司法》基本上继承了《职工代表大会条例》和《工业企业法》中关于员工参与的相关规定，对企业管理运营机关作出了新的法律规范，用所谓“新三会”（股东大会、董事会和监事会）替换“老三会”（党委会、职工代表大会及工会）。但值得注意的是，《公司法》对“新三会”与职工代表大会的关系并未给出明确的法律界定，只提出设立职工代表大会的原则性规定，未具体规定职工代表大会的权限内容（张允美，2003）。这就容易形成“新三会”与“老三会”之间的矛盾，甚至导致法律间的冲突。

20 世纪 90 年代前后的政策和立法，主要是围绕以股份制改造为核心的现代企业制度的建立而展开的，在这一过程中，涉及了对企业员工参与制度的地位和角色的规范。

之后，伴随着市场经济体制改革的深化，中国社会出现了价值观念多元化、社会生活民主化、企业形态多样化等趋势，同时，企业面临的市场竞争压力日益增大，这都对中国的员工参与制度提出了新的挑战。一方面，在建设现代企业制度的过程中，很多资料显示我国企业员工地位有不断下降的趋势，员工的主人翁地位和员工参与的权利与基础都受到了动摇；另一方面，近年来劳动争议数量一直处于高发状态，2012 年全国共受理劳动争议案件 64 万余件，且争议内容非常复杂，尤其是集体争议的数量和涉及的劳动者人数不断上升，对企业发展和社会稳定造成的影响不容忽视。同时，随着新生代劳动者素质的提高，劳动者比以往任何时候都更加关注自身权益的保护和权利的实现，也有了更高的能力和更强的意愿来关注这一问题。

可以说，在目前这一历史阶段，劳动关系涉及的三方主体——企业、劳动者和政府都开始认识到了劳动关系问题的紧迫性以及劳动关系稳定对于企业和社会的重要性，这是员工参与发展的重要基础。作为劳资合作理念下的劳动关系协调制度，这一时期员工参与制度的发展是在三方主体内在的、主动的需求推动下得以进一步发展的，或者说，这一阶段员工参与制度的创新，有了各方主体有目的的推动。

2. 各类企业员工参与制度的现状与特点

2015 年中共中央、国务院发布的《关于构建和谐劳动关系的意见》中再次肯定了职工代表大会作为企业民主管理制度基本形式的作用，提出在中小企业集中的地方，尝试建立区域性、行业性职工代表大会。同时强调推进厂务公开的制度化、规范化，创新公开形式，探索和推行经理接待日、劳资恳谈会、总经理信箱等多种形式的公开，也对职工董事、职工监事制度予以了确认。与 2012 年的《企业民主管理规定》相比，该文件一方面再次肯定了以职工代表大会为核心的三项员工参与制度；另一方面，也对我国企业员工参与制度的形式给出了更符合企业实践的建议，从某种程度来讲，这种建议实际上也是对企业现行的员工参与制度尝试的一种确认。

从《企业民主管理规定》到《关于加强社会主义协商民主建设的意见》，再到《中共中央国务院关于构建和谐劳动关系的意见》，政府一直在不遗余力地推进企业员工参与的制度建设，也试图淡化企业所有制限制，积极推进各类企业的民主管理工作①。不过在实践中，由于历史背景和发展轨迹的差异，国有企业和非公有制企业在员工参与制度上存在比较明显的区别，本节将就这一问题展开探讨，分类介绍中国企业现行的员工参与制度形式。

（1）国有企业员工参与制度的变迁与特点。

根据《宪法》《全民所有制工业企业法》《劳动法》《公司法》《劳动合同法》和《企业民主管理规定》的规定，结合我国的实际情况，国有企业员工参与企业经营管理主要通过三种方式来实现：一是通过工会和职工大会、职工代表大会等机构了解企业的生产经营状况并提出意见和建议，这是我国传统企业制度赋予员工的主要参与方式。二是通过选举员工代表进入企业的经营决策机构和监督机构，以职工董事或监事的形式行使其经营管理权和监督权。三是通过职工自己持有股份，以股东和员工的双重身份参与公司的管理决策。总体来看，我国国有企业员工参与制度具有良好的传统和基础，尤其是依托于职工代表大会制度的构建和运行，基层组织大多形成了一套完整的民主管理体系（刘元文，2007）。

不过，在国有企业改革的不断深化过程中，伴随国有企业经营管理者地位和权威的不断加强，以职工代表大会为基础的员工参与制度在被不可避免地弱化，国有企业员工参与制度的变迁过程中存在一些特殊性和显见的问题，主要包括：

---

① 2012年2月下发的《企业民主管理规定》全面规范了以职工代表大会为基本形式的企业民主管理制度，打破了企业所有制界限，明确了非公有制企业也应实行民主管理。

第一，国有企业的双层委托代理关系在一定程度上制约了员工参与的实现。

政府成为全民所有制生产资料所有权的实现主体以后，在逻辑上就与社会全体成员（生产资料所有者）形成了第一层产权委托代理关系，又因为拥有企业所有权的全体社会成员不能克服信息障碍以及委托成本等问题，所以社会成员选择企业领导人的权利也就自然而然地一起委托给了政府。政府通过任命企业领导人，就在国有企业产权关系中形成了第二层委托代理关系。

一般来讲，在日常的委托代理关系中，委托人是其中最重要的角色，他对委托代理关系以及这种关系所能给自己带来的预期目标是十分明确的。但是在全民所有制生产资料产权委托代理关系中，社会成员包括企业内部员工，实际上是缺乏角色意识的。这主要是因为，他们的委托人角色是社会制度变迁的结果，是一种外在的力量把他们推上这一位置的，不是一种主动的自发行为。从另一个角度来讲，作为委托人的企业员工也无法享受完整的企业生产资料的占有权、使用权、处置权以及收益权，因此，国企员工在企业中的地位和相应的参与权都存在虚化的问题，国企的双层委托代理关系并没有为员工参与提供应有的依托，反而可能制约了员工的参与意识和参与行为。

第二，国有企业员工参与制度变迁存在对传统体制的固守。

从计划经济到市场经济，我国的经济体制改革呈现出了鲜明的渐进性特点，从表面上看，似乎出现了制度变迁过程中的路径依赖（Path Dependence）[①] 特征。不过这一“依赖”的本质实际上可能是对传统体制的

① 路径依赖（Path Dependence），又译为路径依赖性，它的特定含义是指人类社会中的技术演进或制度变迁均有类似于物理学中的惯性，即一旦进入某一路径（无论是“好”还是“坏”）就可能对这种路径产生依赖。一旦人们作了某种选择，惯性的力量会使这一选择不断自我强化，并轻易走不出去。

一种有意识的固守。一方面，初始制度安排中的获利者不愿意脱离传统的制度安排；另一方面，传统的历史、文化也确实在一定程度上加强了这种固守，过去的行为、信仰、社会结构等都影响着新的参与观念和参与制度的发展，压制了新制度背离旧有制度的灵活性。

在中国国有企业中，目前最典型的参与制度就是职工代表大会，其他新的制度无论表现形式如何，其运作方式甚至效果都与传统“一脉相承”，但实际上，参与者结构和参与制度所处的企业环境已经发生了巨大的变化，而职代会和工会制度却不同程度地再现了原有制度，这种简单的制度移植所带来的主体及环境变化与制度变迁“不同步”的现象，是目前国有企业员工参与制度创新中遇到重大的挑战。

第三，管理者的控制权与员工参与的“此消彼长”。

员工参与是对管理权的分享，因此，员工的参与程度与管理者权威的控制程度是此消彼长的。随着员工参与程度的加深，管理者权威的控制程度在减小，反之，管理者权威的控制程度越强，员工参与的程度也越弱。

中国国有企业改革的目标是不断强化国有企业的经济功能，即追求企业的盈利目标。伴随这一目标，国有企业自主经营权限日益加大，国有企业管理层对员工的控制权也越来越大，员工与管理者的地位分歧亦越来越明显。管理者控制权的加大，在某种程度上对国有企业的员工参与产生了驱逐或挤压效应。

第四，传统员工参与制度在国家推进和企业自发行为中逐步演变。

中国国有企业的员工参与，无论是间接参与形式还是直接参与形式，都是在国家政策制度的推动下，在国有企业内得到的普及。由于国有企业自身并不是制度选择的主体，而是新制度的具体执行者和操作者，缺乏自主性和自发性的建制行为，往往会在实践中出现这样的现象：国有企业的各项制度按照政府政策建立健全，形式完备，但实际的运作效果却会出现表面制度和实际结果不符的状况。

当然，在受政府外部政策驱动之余，也不能忽视国有企业内存在的自发的员工参与形式。在现代企业制度和先进管理理论与实践的影响下，国有企业内出现了一些自发的员工参与形式，如车间或班组的自我管理小组、自主团队、员工意见调查、意见箱或 BBS 等员工意见表达系统。这就形成了国有企业员工参与改革的政府推动为主、企业自发为辅的格局（吴思嫣、崔勋，2013）。

（2）非公有制企业的员工参与现状和特征。

2012 年的《企业民主管理规定》打破了企业所有制界限，明确了非公有制企业也应实行民主管理。一方面，我国非公有制企业的数量和相应的用工数量都呈现不断扩大的趋势，非公有制企业个别劳动争议和群体劳动争议数量也不容忽视（吴清军、许晓军，2010；杨清涛、张文彩，2013；周晓光、王美艳，2015），将非公有制企业纳入民主管理的覆盖范围为工会组织维护职工权益提供了一个有效的载体和平台；另一方面，员工群体变化给企业带来的压力也使得一些非公有制企业开始逐步认识和接受员工参与制度，新一代产业工人进入工人队伍，他们年轻化、个性化，具有较高的文化素质和法律知识，追求更多物质刺激之外的精神满足，工作对他们的意义也不同于父辈，传统的严苛的纪律管理，强调命令与服从的高集权化管理风格越来越不被员工接受（闻效仪，2013）。部分企业开始寻求新的促进劳动生产率提高的管理之道，逐步发现引入员工参与系统对于提高员工积极性、提升企业效率具有积极效应（Rosenberg & Rosenstein，1980；Cotton，1988；Cooke，1994；Guthrie，2001；Kaufman，2008；Wagner，2008；Rao et al.，2009；Mueller，2011）。

就目前的状况来看，逐步发展起来的非公有制企业员工参与制度的特点主要包括：

第一，非公有企业建立员工参与制度的关键条件是雇主的接受或推动。

如前文所述，无论是迎合政府的倡导而无奈接受，还是迫于员工群体的压力而主动推动，雇主的态度都在非公有制企业员工参与构建和实施的过程中起到关键性的作用。这种雇主主导型的员工参与实际上与雇主主导的劳动关系一脉相承，因为雇主主导劳动关系，劳动关系主体双方的地位存在极大的差距，强资本弱劳工的态势越发显示出资本的不可替代性，雇主实际掌握了是否赋予员工实际参与的权利。这里所说的实际参与权，是指员工实际享有的权利而非理论上和法律上所确定的权利，或者说，如果雇主没有相对积极的态度，员工参与的真正实现是非常困难的，哪怕已经建立了相应的制度，雇主仍有管理策略可以控制和阻碍这些机制的真正实施。

第二，在制度建设上存在多样化的选择，尚未形成统一的模式。

一项针对湖南省国有企业和非国有企业的员工参与形式区别的研究（谢玉华，2009）对这一问题有更清晰的反映（见表3－1）。

表3－1　企业员工参与采用形式排序表

员工参与形式	总排序	国有企业	民营企业	外资企业	其他
向上司反映工作意见和建议	1	1	1	1	1
合理化建议	2	3	2	2	2
民主生活会或民主议事会	5	5	6	5	5
员工持股	8	11	6	8	6
自主工作团队	11	10	7	7	9
工资集体谈判	12	11	10	10	10
职工进入董事会、监事会	10	9	8	10	7
职代会、工会	3	2	5	3	3
意见箱或BBS等员工意见表达系统	4	6	3	2	4
企务公开	9	8	9	9	8
基层民意调查（或草根调查）	6	7	4	4	4
民主评议领导者	7	4	7	6	4

资料来源：谢玉华．中国工业民主和员工参与制度及功能：国企民企外企的比较——来自湖南的调查．经济社会体制比较，2009（1）：129－135

这一研究显示，实行员工参与的非公有制企业，实际上大多并未进行完全的制度创新，制度名称虽有变化，诸如民主议事会、民主评议会、民主恳谈会等说法，不过运行形式上仍然较多借用国有企业的做法。另外，不同类型的非公有制企业，由于其在建立、改革、发展的具体社会条件上的差异，在员工参与实际运作上没有统一的模式，具有多样性的特征。它们在相关法律法规的要求下，具有更多自主的发展空间，能动地发挥着作用。

第三，不同类型非公有制企业员工参与的发展不平衡。

由于受到雇主个人因素和政府推动力度的影响，非公有制企业的员工参与存在明显的不平衡特点。我们在实际的调研中也观察到，一些非公有制企业有非常完善的员工参与制度，制度设立之初可能来自高层管理人员或者人力资源管理者的推动，但工会没有受到排斥，制度流程规范、运行良好，员工的参与热情也被调动起来。以天津的 FSTT 集团为例，公司人力资源管理部门和工会分别建立了各自的员工参与渠道，并从两条渠道鼓励员工建言，收集员工意见。人力资源管理部门的优势在于制度的建立，而工会的优势在于动员和宣传，两条线并行不悖，巧妙地实现了 HR 和工会的合作。当然，也有一些非公有制企业并没有设立相应的参与制度，或是员工参与制度的建设与规范运作出现明显的脱离，很多制度的建设只是为了从形式上回应政府的要求，实际并未起到实效。

第四，非公有制企业员工参与的性质更多的是一种权利争取型的参与。

由于私营企业的劳动关系是一种雇主主导的雇佣性的劳动关系，这决定了职工民主参与的性质是权利争取型的参与，主要表现为劳动者在企业中通过民主参与来争取和扩大自己的权利。这种参与具有某种对抗性的意义，这种对抗主要是员工参与的民主性与非公有制企业经营管理的权威性之间的对抗，作为资产所有者的雇主在本能上抵制和排斥员工的民主参与。但是，民主参与对于非公有制企业的劳动者来讲，不仅是作为国家和社会主人的社会政治权利，而且更直接和更主要的是作为生产要素的劳动者的经济权利。不过由于非公经济中劳动关系双方力量对比的不平衡，加之在这类企业中员工参与缺乏传统，因而这种参与就更加艰难。

（3）股份制企业的员工参与。

员工参与活动的实施，受到企业的体制、机制和劳动关系特征的制约。股份制企业基本的经济特征是多元的投资主体、要素化的分配方式、市场化的经营管理，政企分开、产权明晰、责权分明、科学管理是作为混合经济的现代企业的主要特征[①]。在企业的劳动关系问题上，股份制企业的基本特点包括：劳动关系双方的利益主体身份清晰，劳动关系的运行及关系处理主要是通过市场机制。从目前我国股份制企业的一般情况来看，劳动关系大部分是比较协调和稳定的。

股份制企业中劳动关系运行的最突出问题是劳动关系双方力量的平衡问题。在股份制企业中，产权及其向产权负责的经营权在企业中已经基本确立，但劳权在企业的地位和相应的具体权利都还没有被确认和落实。这种状况对于企业劳动关系的影响，主要表现为企业的劳动关系是在一种非规范化状态下运行，即是在企业一方主导和控制下运行，员工在劳动关系中的影响和作用非常有限。规范的股份制企业必须从制度和机制上平衡双方的力量和权利，而员工参与即是解决这一问题的主要途径。

一般来讲，治理结构的权利是产权所有者和经营者对于企业的占有及其处置权利的具体体现。劳动者与治理结构是两种不同生产要素之间的关系。但是，在现代企业管理的理论特别是行为科学的理论中，员工是被作为企业的有机构成体，而不是仅仅被作为企业的成本来看待的。在这里，员工的劳动投入和股东的资本投入是同等重要的，因此，员工和股东是

---

① 马洪．什么是社会主义市场经济．北京：中国发展出版社，1993

"合伙人"关系，他们同样有对企业管理进行参与和监督的权利[①]。所以，员工参与治理结构已经成为市场经济国家员工参与的一种较为普遍的形式，我国股份制企业中常见的员工介入治理结构主要有以下方式和内容。

第一，员工参股并以员工参股会的名义进入股东大会。总结我国员工持股的经验，一方面应肯定员工参股的积极意义；另一方面也应该看到，在股份制的企业中，员工尽管持有一定量的股份，但其所持股份的数量，还无法改变员工在企业的基本身份。希望通过员工持有一定的股权而确定其在企业的主人地位，并借此协调产权和劳权关系以稳定劳动关系，在经济上似乎依据不足，在实践上也困难重重。

第二，员工代表进入董事会和监事会。员工代表进入董事会和监事会的意义在于员工以劳动者的身份直接介入公司的治理结构。这种参与对于治理结构在运行中反映员工的利益、意见和要求提供了一个组织上的规范渠道。但由于员工代表在其中的数量和地位所限，这种参与的作用主要还是反映意见而已。从员工代表的身份来看，治理结构中的员工代表为"职工董事"或"职工监事"，这其中的意义在于员工代表进入治理结构中，并不是成为"管理者"，而只是员工代表，如果他在治理结构中不能够代表和反映员工的利益和要求，他就失去了员工代表的资格，员工就有权要求撤换。

除介入治理结构外，集体谈判和集体合同制度也是公司制企业员工参与的基本手段之一。由于这一类企业产权明晰，拥有法人财产权及独立经营权，使得集体协商和集体谈判具有了客观的需求与条件。从广义上讲，集体合同制度也是员工参与的一种形式，其基本内容是劳资双方共同确定劳动标准和劳动条件。相对于参与治理结构来说，集体谈判是一种共同决定，具有权利决定的直接性。不过在我国的混合经济中，集体合同制度的

① 于中宁．现代管理新视野．北京：经济日报出版社，1996

发展仍然处于初级阶段，重签约、轻谈判的现象还比较突出，集体谈判能否真正保证员工发言权，实现决策共同决定，还需要长期的推进，而不仅仅是指标的完成或数字的提高。

五、工会—管理层关系与员工参与运行——基于扎根理论的探索性解释

简单从理论上将人力资源管理和工会两个不同视角下的员工参与作区分，企业的员工参与形式可以分为直接参与和间接参与两类，直接参与是以个体为基础的参与，常见的形式有质量圈、提案制度、员工持股计划等；间接参与是员工通过其代表参与组织事务，代表通常由员工群体选举产生，常见的制度有职工代表大会、职工委员会、共同咨询委员会等。直接参与和间接参与都是给予员工话语权，直接参与体现了个体员工的话语权，而间接参与则体现了集体话语权（Hyman，Mason，1995）。直接参与形式和间接参与形式的推动者、参与者、关注点和主要受益者等都存在区别（吴思嫣、崔勋，2013），不过在我国企业员工参与机制的实际运行中，直接参与和间接参与的形式并没有被严格区分，人力资源管理部门和工会在员工参与中的职能和作用也并不是泾渭分明的两条平行线，没有固守传统地归属于某一方的某些参与制度。相反，无论是政策层面有关“企业民主管理”的规定还是在实地的企业调研中，都时常会观察到人力资源管理部门和企业工会在保障员工发言权和促进劳动关系稳定中的互动、沟通、协同乃至深入的合作。在不同企业的员工参与机制运行中，存在主体之间不同的互动方式及其所形成的差异化的工会—管理层关系，这种不同又进一步对企业员工参与机制的运行产生了不同影响，形成了有差别的参与过程及参与结果。因此在实践中，考察独立的工会行为和管理层行为对员工参与的影响实际上是远远不够的，需要进一步探讨工会—管理层关系对于员工参与发展的影响。

在西方国家中，工会被认为是工人利益的代表组织。因此，在西方国家的劳动关系研究中，工会—管理层关系氛围更多地被定义为一种劳动关系氛围，直接反映企业的劳动关系质量（Blyton et al.，1987）。20世纪80年代以后，伴随工会组织的大量减少，工会成员的锐减，众多无工会企业的出现，使得劳动关系氛围成为一个由多个子氛围（如工会—管理层关系氛围和雇佣关系氛围等）组成的系统，工会—管理层关系氛围被作为一个独立的系统受到关注。按照Angle和Perry（1986）的解释，工会与管理层关系氛围是工会与管理层对企业日常工作中彼此之间的关系描述，体现了劳动者和管理层的关系氛围；Iverson（1996）指出，工会与管理层关系氛围是指工会与管理层关系的和谐程度，反映了管理层与工会相互作用的公平性以及工会与管理层在解决共同问题中所表现出来的和谐程度。和谐的工会与管理层关系氛围是指工会与管理层双方相互尊重彼此目标，共同解决问题（Deeryet al.，1999；Deery，Iverson，2005）。

从20世纪40年代开始，西方国家劳资关系的态势逐步发生了变化，劳资冲突开始减弱，工人的生活和工作条件有了一定程度的改善，素质和维权意识不断提高，资本家和企业经营管理者开始逐步意识到工人对于生产发展的重要作用，人力资源管理的理念和方法得到了越来越多的应用。这种变化使得工会研究者的关注重点也由罢工、暴力斗争转向了三方协调机制的建立（李国正，2014）。之后，随着世界范围内经济环境、产业结构和工人结构的变化，以及越来越多的雇主在企业管理中推行“去工会化”的策略，从20世纪80年代开始至今，大多数西方国家工会的组织率都在下降，法国工会组织率下降了65%以上，英国下降了近50%，美国下降了40%（1995年与1985年比较）（李磊，2010）。在全球化和工会组建率不断下降，非工会企业竞争日益加剧的背景下，工会化企业尝试寻找更多的创新方式来改善它们的绩效（Walton et al.，1994），工会改变了以往对管理层的对抗型战略，更多地采用了和谐的劳动关系战略来促进企业管理方式的改善以及生产效率的提高（Barling et al.，1992；Meyer，Cooke，1993）。

研究者进一步提出，鉴于工会的发展现状，从工会的角度来说，也应该倡导一种和谐的工会与管理层关系，从而帮助工会获得更多的支持。如Angle和Perry（1986）提出，工会应该寻求改变它们的对抗形象，与管理层发展更为和谐的关系；工会应该努力改善劳动关系氛围，而非仅仅坚持对抗的立场，只有这样才是一种理性的战略选择。Magenau等（1988）在确认了和谐工会与管理层关系对双重承诺影响的基础上，提出“冲突并不是工会取得它的成员支持所必需的”。

也有研究者在长期关注和谐的工会—管理层关系的影响后，认为企业和工会的合作能够提高员工的安全和健康（Kochan et al.，1977），改善员工的工作生活质量（Schuster，1980），提高企业的生产率（White，1979；Schuster，1991），改善工会成员的态度和行为（Angle，Perry，1986；Deery et al.，1994）。同时，当员工认为工会与管理层关系是可信任的并且愿意与他们共同解决工作场所问题时，他们似乎更愿意支持企业的生产率和效率提升方案。Gordon和Ladd（1990）就提出，如果员工认为工会与管理层之间的关系是积极的，他们就更愿意参与那些他们不可能完成的行动方案来支持工会和管理层。Hallowell（1996）也指出，和谐的工会与管理层关系能够提高员工对组织的承诺，提升顾客的满意度，最终提升客户的忠诚度并保留客户。Iverson（1996）以来自澳大利亚大型公立医院的761位员工为研究样本，经过研究发现，工会与管理层关系作为一个重要的环境变量，与组织承诺和组织变化的可接受程度呈正相关。Deery等（1994）以澳大利亚大型政府机构交通部门的白领工会成员为实证研究对象，发现工会与管理层关系与组织承诺呈正相关，但是与工会承诺呈负相关。总体来看，多数实证研究支持了良好的工会—管理层关系的积极影响：工人可以获得更好的工作条件和环境、更安全的工作保障、更多的培训和参与企业管理的机会（Brown，2000；Guest，Peccei，2001；Oxenbridge，Brown，2004）。雇主可以通过与工会合作，在企业组织结构改革等进程中得到工人以及工会的支持，得到更高的工人忠诚度和贡献度，提高生产率以及更好的财务表现（Wills，2004；Samuel，2007）；而工会则可以获得管理层的承认和支持，分享更多的企业管理信息以及提高自身在企业经营决策中的地位（Ackers et al.，2005；Oxenbridge，Brown，2004）。

当然也有批评者认为，即使在工会—管理层的伙伴关系下，雇主方在劳资关系中的传统主导地位并没有动摇。这种关系有可能是被雇主利用来控制工会、限制工会的工具，并且有学者认为，工会维持会员增长以及体系存在的根本是对抗性，而非合作（Kelly，1996，2004）。还有部分实证研究指出，工会与管理层之间伙伴关系的建立没有为企业带来更好的产出和更好的劳动关系，比如，Kelly（2004）对比了一组伙伴关系企业和非伙伴关系企业的劳动力产出，结果显示，伙伴关系对企业的工资水平、工作时间、假期以及工会密度并没有影响。在伙伴关系下，工人能获得的收益与雇主相比十分有限，甚至工人的工作压力反而更大，工作保障更加不稳定。因此，工会与管理层之间的伙伴关系有可能成为企业管理层用来剥削工人的一种工具（Richardson et al.，2005）。

中国企业工会在实践中常常依赖对管理方采取合作的态度和方式来解决劳动关系问题，从实质上改善企业管理和增进经营效率（Zhu et al.，2011），但是关于劳动关系运行中工会—管理层关系这一劳动关系子系统的学术研究还是比较欠缺，尤其是对工会—管理层关系与员工参与机制之间关系的探讨更是比较鲜见，Wu 和 Lee（2001）曾以在中国台湾的中国大陆、日本和美国投资的电子企业员工作为研究对象，讨论了工会—管理层关系氛围与员工对于参与管理态度的关系，该研究的实证结果显示，和谐开放的工会—管理层关系氛围对参与管理的实施效率有显著的正向影响。

针对这一尚未产生明确结论的问题，本书在调研中对T开发区的四个日资企业的案例进行了分析和解释，尝试构建工会—管理层关系的内涵与解释维度，并探索两个主体之间关系与员工参与机制运行之间的关系及对参与效果的影响。

此处的四个案例均为日本在华投资的生产型企业①，每个案例企业中都建立有员工参与制度，并持续运行了一段时间。使用多案例的目的在于进行反复验证，每个案例都被用来验证在这一研究过程中涌现出的理论观点。多案例研究方法使得理论和数据之间紧密联系，理论形成的过程则"扎根"于数据（Glaser，Strauss，1967；Eisenhardt，1989a）。在研究之前，我们没有预设假设或理论，而是通过收集资料来提炼概念和范畴，数据收集与分析基本上是同步进行的。由于本书关注的重点是工会—管理层关系和员工参与机制运行两个内涵尚不明确的理论概念，所以使用案例研究方法是恰当的。

案例企业访谈的时间为2015年7月到9月，在四个案例企业中，我们分别访谈了公司人力资源管理部门的经理②和企业工会的主席或委员。数据主要有三种来源：一是对公司人力资源部经理和工会主席进行半结构化访谈，二是对公司人力资源部职员和工会工作人员进行焦点小组会议，三是二手数据。

访谈前几天，本书的调研组先预约受访者告知其访谈背景和访谈主

---

① 选择日资企业开展这一主题的研究，主要与日本企业劳动关系的三个特点（孟泉，2015）有关：其一是"守法主义"，日资企业具有遵守劳动法律和劳动标准的本土文化传统，员工参与权作为一种更高层次的劳权，其实现需要建立在基本劳动权益得到保护的基础上；其二是日资企业的生产方式容易受到劳动关系不稳定因素的冲击而导致效率大幅受损，比如电子行业、汽车行业，因此日资企业有积极寻求劳资稳定的动力；其三是日本本土的劳动关系传统提供了日资企业一定程度上接受企业工会履行职能的空间，如预防劳动争议、提升劳动效率等，因此有了进一步探讨工会—管理层关系的可能性与基础。

② 本书将工会—管理层关系中的管理层界定为人力资源管理部门及其管理者，这是实践中与工会联系最为密切的管理部门，其与工会之间的关系也基本代表了雇主与工会之间的关系。

题，以便其稍做准备。正式访谈时，调研组针对不同的受访群体采用不同访谈策略，在开放式访谈过程中，以聊天方式进行对话，希望受访者提出个人观点并一起探讨。所有的访谈都由至少三位调查员进行，两个人主要负责访谈，另一个人主要负责记录。访谈后，调查员进行记录校对，并互相核对事实。访谈过程遵循了案例研究的“24 小时规则”（Yin，1984），要求详细的访谈记录必须在访谈结束后一天之内完成，并注意加入研究人员自己的感想，但与被访问人提供的资料区别开来。

针对人力资源部经理的半结构化访谈主要包括 15 个没有确定答案的问题，访谈一般持续 1.5 ~ 2 个小时，需要人力资源部经理描述的内容主要包括：①企业劳动关系的一般状况和历史传统；②企业职工队伍的整体情况和主要特点；③企业员工参与管理的主要制度和运行情况；④企业人力资源管理部门在员工参与管理中的主要作为；⑤企业员工参与机制运行产生的效果；⑥企业人力资源管理部门与企业工会的关系描述。

针对工会主席或工会委员的半结构化访谈主要包括 12 个没有确定答案的问题，访谈一般持续 1 ~ 1.5 个小时，主要需要工会主席或工会委员描述的内容包括：①企业工会成员的组成情况、工作经历等；②工会组织主导建立的员工参与制度有哪些，如何运行；③企业工会在员工参与管理中的主要作为；④工会主导的员工参与机制运行的效果；⑤企业人力资源管理部门与企业工会的关系描述；⑥企业是否发生过劳动争议的事件，包括群体性的和个别的劳动争议，当时的情况是怎样的，又是如何解决的？

其后的焦点小组会议主要就企业和工会在员工参与中的行为表现、责任承担、关系类型，参与制度运行的交叉性、重复性和互补性等问题进行进一步沟通，大约持续 0.5 个小时。

表 3 －2 列出了四个案例企业的基本状况和调查组访谈中了解到的已经建立的员工参与制度名称。

表 3－2　四个案例企业的基本状况描述

案例企业	公司成立时间	现有员工数量	已建立的员工参与制度
AX	2001 年	1300 人	工资集体协商，恳谈会
FSTT	1995 年	3500 人	职场恳谈会，员工意见箱，工资集体协商，工会座谈会，技能竞赛
JSDC	1992 年	1400 人	经营协议会、总经理意见箱、总经理恳谈会、班组长会议，员工收益分享计划，岗位技能竞赛，巡视制度，合理化建议，职工代表大会，福利委员会和食堂委员会
DZDZ	1997 年	1070 人	工资集体协商，女职工说明会，课内恳谈会，社长恳谈会，答疑会，员工满意度调查

注：表中列出的案例企业建立员工参与制度的情况来自人力资源管理部和工会的访谈内容，大部分制度是由人力资源管理部门主导设计并推动实施的，也有一部分制度是企业工会作为发起方建立和推动的，表中未作区分，因为多数制度在案例企业的应用中都存在人力资源管理部门和工会的协调与合作。

扎根理论方法对资料分析和归类的过程称为编码，其将收集的资料不断打碎、整理和重组，从而挖掘概念、提炼范畴。本研究在采用扎根理论方法对资料进行分析过程中，实施了概念化与范畴化、主范畴与副范畴挖掘、核心范畴与关系结构构建三个步骤。

第一步，开放编码。开放编码指将所获得的资料记录逐步进行概念化和范畴化，用概念和范畴来正确反映资料内容，并把资料记录以及抽象出来的概念打破、揉碎并重新综合的过程。开放编码的目的在于指认现象、界定概念、发现范畴，也就是处理聚敛问题。经过多次整理分析，本研究最终从资料中抽象出 75 个概念和 18 个范畴，表 3－3 显示了开放编码形成的范畴。

表 3-3　开放编码形成的范畴

编号	范畴	概念
1	工会—管理层力量对比	工作的贡献度 员工参与工作中的主导性和从属性 员工参与工作中的分工性质 决策形成中的话语权 双方力量的平衡性 人力资源部经理的工作风格 工会主席的工作风格
2	工会—管理层关系紧密度	工作中的配合程度 双参与渠道的交叉程度 参与过程中的信息共享度 对对方工作的认可程度 意见改善渠道的一致性 人力资源部经理和工会主席的关系紧密度
3	工会—管理层之间的沟通度	参与活动开展中的资料共享程度 员工意见的共享程度 参与代表确定中的沟通 私下场合的沟通频率 工会监督 HR 的信息公开和员工的诉求落实
4	雇主—雇员关系	员工理解企业的难处 一对一处理员工的不满与抱怨 企业公开相关信息的主动性 要求直线经理参加恳谈会 心理契约建立程度 员工对企业信息的信任程度
5	工会—会员关系	会员对工会能力的信任程度 会员对工会主动作为的信任程度 工会在员工参与中保障员工的知情权 工会对员工问题的解释和处理程度 工会内部的民主性
6	工会主席特征	工会主席选举方式 工会主席的专/兼职 工会主席的工作经历 工会主席对自身角色的认知
7	参与渠道的类型	HR 或是工会主导的单通道 HR—工会双主体的双通道

续表

编号	范畴	概念
8	参与制度属性	直接参与制度 间接参与制度
9	参与形式丰富度	参与形式的数量
10	参与制度开展周期	每两周一次 每月一次 每季度一次 每年一次
11	员工参与内容	工资调整 福利改善 公司运营情况 年终奖分配方案 生产改进 公司工作计划
12	员工参与层次	重大决策：企业投资、企业财务、企业利润分配等 涉及劳动者切身利益的重大问题决策：企业各种改革方案、措施等 劳动人事管理决策：工资、奖金、福利、劳动、人事等 日常决策：各管理层次的日常生产、经营安排、调度等 细枝末节：食堂饭菜种类等
13	参与代表选出	自下而上层层推选代表 工会挑选代表 人事部门挑选代表 既有员工代表车间，又有员工代表办公室 员工代表随机抽选
14	信息流向	员工只是企务信息的接受者 员工向上表达和反馈信息 工会与会员之间的信息交流
15	参与结果	员工工资福利增长 员工素质提升 产品质量改善 生产效率提高 企业成本降低劳动关系改善 员工归属感、向心力和满意度提高

续表

编号	范畴	概念
16	日企文化	公司和工会相当于父母，员工就是孩子 公司的风险意识和危机感比较强 企业非常诚实和认真 日本人觉得员工告公司是公司很大的耻辱 日本人认为职工和公司的发展是两个车轮
17	开发区环境	开发区对社保的监察力度很大 开发区工会定期会组织企业工会主席参加的活动 开发区工会主席认为工资集体协商主要是为了沟通 开发区工会出台了集体争议处理的指引

第二步，主轴编码。通过开放性编码发掘的范畴意义和关系仍较为广泛和模糊，而第二阶段的主轴编码则侧重于将各个独立的范畴联系起来，发现与建立不同范畴间的潜在联结关系。通过分析，我们发现各范畴在概念层面上确实存在内在联系，并根据其相互关联和逻辑顺序再次进行重新归类，共归纳出五个主范畴，分别为工会—管理层关系、主体内部关系与特点、参与制度运行机制、参与制度运行效果和劳动关系环境。各主范畴及对应的初步范畴、各范畴的性质和性质维度见表3－4。

表3－4　主轴编码形成的主范畴

编号	主范畴	对应范畴	范畴的性质	性质的维度	关系的内涵
1	工会—管理层关系	工会—管理层力量对比	均衡程度	均衡/不均衡	HR—工会关系是工会与管理层在解决共同问题中所表现出来的和谐程度，它首先受到双方“力量对比”的影响，这是影响双方关系的背后力量，过分悬殊的两者关系不利于合作关系的建立；另外，双方联系的紧密程度和实际合作中的沟通程度是关系的现实反映，更紧密的“联系”和更高频的“沟通”反映了更和谐的“关系”
		工会—管理层关系紧密度	紧密程度	紧密/松散	
		工会—管理层之间的沟通度	沟通频率	高/低	

续表

编号	主范畴	对应范畴	范畴的性质	性质的维度	关系的内涵
2	主体内部关系与特点	雇主—雇员关系	信任程度	信任/不信任	内部关系包括两个维度，即“雇主—雇员关系”所代表的雇主与雇员的关系以及“工会—会员关系”所代表的工会内部关系；另外，考虑到工会主席在实践中的不同表现，“工会主席特征”是主体特点中需要特别考虑的维度，而多数的HR在管理中的出发点和视角是一致的，因此没有纳入其中
		工会—会员关系	信任程度	信任/不信任	
		工会主席特征	强弱程度	强势/弱势	
3	参与机制运行方式	参与渠道的类型	主体作用	单通道/双通道	企业参与机制的运行是一个完整的制度建立到活动开展的过程，“参与渠道的类型”主要阐释是由工会或HR主导的单通道还是两者协作并行的双通道，“参与制度属性”包括直接和间接两种；企业建立参与形式的数量即“参与形式丰富度”也代表了机制运行的效果；进一步考察实际的参与活动，“员工参与内容”“员工参与层次”以及在参与过程中的“信息流向”不同都代表了不同的机制运行方式
		参与制度属性	集体化程度	直接/间接	
		参与形式丰富度	丰富程度	多/少	
		参与制度开展周期	开展频率	高/低	
		员工参与内容	重要程度	高/低	
		员工参与层次	高低程度	高/低	
		参与代表选出	代表性程度	高/低	
		信息流向	信息流方向	单向/双向	
4	参与机制运行结果	企业收益	参与效果	好/坏	企业参与机制的运行结果有两个维度，即参与是否对“企业收益”产生作用、是否对“员工收益”产生推动作用
		员工收益	参与效果	好/坏	
5	劳动关系环境	日企文化	和谐程度	和谐/不和谐	研究考察开发区的四家日资企业，企业劳动关系环境中需特别强调两个子系统，即日资企业特有的“日企文化”，以及开发区在管理环境上的特殊性，是否与企业劳动关系管理存在协同效应
		开发区环境	协同程度	协同/不协同	

第三步，选择性编码。选择性编码是指选择核心范畴，把它系统地和其他范畴予以比较，验证其间的关系，并把概念化尚未发展完备的范畴补

充整齐的过程。该过程的主要任务包括识别出能够统领其他范畴的主范畴，用所有资料及由此开发出来的范畴、关系等简明扼要地说明全部现象，即开发故事线；继续开发范畴使其具有更细微、更完备的特征（李志刚、李国柱，2008）。经过开放编码、主轴编码及其相关分析后，本研究根据研究目的对原始资料、概念、范畴，尤其是范畴关系进行了不断的比较，提炼出了“工会—管理层关系”这一主范畴，围绕这一核心概念，故事线可以概括为：工会—管理层关系由工会—管理层力量对比、工会—管理层关系紧密度、工会与管理层之间的沟通度三个维度构成，不同的工会—管理层关系会产生不同的劳动关系运行后果，在此故事线基础上，我们构建了工会—管理层关系对员工参与制度运行的影响方式及其影响后果模型，如图 3－1 所示。

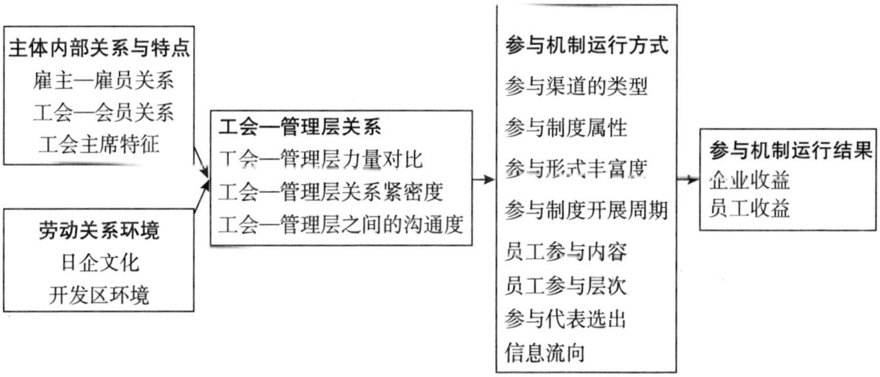

图 3－1　工会—管理层关系对员工参与机制运行的影响机理

（一）工会—管理层关系的形成逻辑

如前所述，本文研究的重点“工会—管理层关系”是一个体现企业内部主体关系的独立的劳动关系维度，反映了管理层与工会相互作用的公平性以及工会与管理层在解决共同问题中所表现出来的和谐程度（Iverson，1996），和谐的工会与管理层关系是工会与管理层双方相互尊重彼此目标和共同解决问题的程度（Deery，Erwin，Iverson，1999；Deery，Iverson，2005）。

在企业实践中，工会与管理层关系的形成是一个双方不断互动、博弈、调整目标的过程，在不同企业中有截然不同的表现，本研究从四个日资企业的案例中构建了员工参与机制运行中“工会—管理层关系”形成的影响因素，主要包括“主体内部关系与特点”和“劳动关系环境”，其形成路径可以简单描述为“雇主与雇员的互动逐步形塑了管理层主体的形象，工会与会员之间的关系则在一定程度上反映了工会的力量、凝聚力、职能发挥程度等主体角色，同时，工会主席个人的经历、观念等也是左右工会—管理层关系的重要因素，在三个因素共同作用下，形成了不同企业差异化的工会—管理层关系”，但三个因素对关系的影响还受到劳动关系环境的制约，尤其是中观和微观层面的因素。在本研究聚焦的案例中，日资企业文化的特殊性和四家企业所处的开发区环境又决定了案例企业上述三个因素所具有的一定程度的共同性，四家企业主体内部关系与特点、劳动关系环境状况见表3－5。

表3－5　四家企业内部关系与主体特点、劳动关系环境摘要表

		AX	FSTT	JSDC	DZDZ
主体内部关系与特点	雇主—雇员关系	逐步改善	好	逐步改善	好
	工会—会员关系	好	好	逐步改善	中
	工会主席特征	资深，较弱势	资深，有威望	有过HR工作经历	兼任HR工作
劳动关系环境	日企文化	反思和反省的文化	“诚”的理念，家文化（公司和工会是父母，员工是孩子）	“天花板”效应在减弱，危机意识、自省与合作	家文化、危机感、知荣辱
	开发区环境	好	好，有培训和指导	好，有指导性，强监督	好，定期组织活动

由于日资企业文化中存有的“自省”“反思”“危机意识”等共同特点，四家企业在处理劳动关系时所秉持的基本理念是比较接近的，即理解

员工的诉求，反思企业的问题，避免争议，尽量在企业内部实现劳资双方的沟通。这些内容无论在人力资源部的访谈中还是工会的访谈中都有体现。

我们企业文化有一个理念是“诚”，把它作为交流和管理的宗旨。有日本人说过公司和工会就相当于爸爸妈妈，员工就是孩子，所以爸爸妈妈要协调，分管家庭的一部分，员工就安定了。（FSTTgh[①]）

职工和公司的发展是两个车轮。我们一直注重确立劳资双方的共同理念，荣辱与共，共同进退……2009 年到 2010 年本地区的劳动争议风波没有波及我们，（因为）公司的风险意识比较强……社长讲话的时候经常透露出这（员工）都是我的家人（的意思）。（DZDZhr）

当时来自日本总社的要求，要求公司必须放下包袱，走向正轨。日本的董事长先后离任，日本企业里如果出现这样的事情（停工），（高管）肯定是要负责的，引咎辞职……（自责与合作）是 2008 年之后提出的，是当时的总经理提出来的。“自责”的含义日文跟我们中文的理解不太一样，是指公司有问题时不要把手向外指，也要反省自己。（JSDChr）

自责与合作，是给有职务的人员作为理念，更多的是一种管理的文化，不是员工的文化……在日本企业里，日本人的认真、诚实确实是骨子里的东西。工作态度和敬业精神我们都很敬佩。（JSDCgh）

日本人觉得员工告公司是非常没有面子的。今年我们处理了两个案子，其实是员工（理解不到位），我们想去法院，但日本人都不同意，他说的是你们为什么前期没有处理好。（AXhr）

同时，这四家企业所处的 T 开发区在劳动关系环境的塑造上发挥了比

① 大写字母为公司名，小写字母为受访者属性，如 FSTTgh 中，FSTT 为公司名，gh 指工会。

较大的作用，企业基本都认为开发区工会对企业劳动关系整体提升有“培训”“指导”“监督”等工作，“鼓励”企业建立员工参与机制。

开发区这边很好的是，开发区工会定期组织企业工会主席的活动，让大家相互学习和了解别人是怎么做的。(DZDZgh)

开发区对社保和公积金的检查力度很大……开发区田主席对工资集体协商有一个认同，工资集体协商不是为了涨多少钱，是为了沟通，这个我们也很认同……开发区有一个集体争议解决的指引，这个很有指导性。(JSDCgh)

开发区管委会发布了《关于积极开展工资集体协商的通知》，同时还发布了一个奖励的政策……人社局和开发区还组织了培训和指导，教我们怎么开展集体协商，怎么解决沟通中的问题。(FSTThr)

企业文化作为劳动关系的微观环境、开发区特点作为企业劳动关系的中观环境，都对四个企业的工会—管理层关系产生了影响，形成了四家企业不尽相同但整体水平都较好的工会—管理层关系，并在属性上呈现出一定的同质性，具体情况见表 3 - 6。除了 AX 之外，另外三家企业在工会—管理层关系的主要维度上呈现出了类似特质：相对均衡的管理层与工会力量，紧密的日常工作联系但又有相对独立的立场和角色，在员工参与机制运行过程中的频繁沟通，经常就员工意见收集、决策内容确定、员工代表人选等事项进行沟通。

（公司和工会）肯定也有意见不一致。比如今年调薪，工会说不能低于两位数字，公司说不能高于两位数字。公司就会去找不高于的原因，然后就一轮一轮去说明，争取相互信赖，最后达成了 9.9。要不你妥协，要不我妥协。大家（公司和工会）都比较重视相互的沟通。(DZDZhr)

单纯从形式上讲，很难说哪种沟通机制是最好的，但有一点需要强调的是，公司方和工会方，大家都得在中间用心……经协会是公司和工会的沟通机会。我认为经协会在目前的几种形式中是比较重要的。恳谈会的价值在于提供了官方以外的渠道，是随机找员工，防止公司在工会不作为或有偏颇的时候，公司高层也有机会听到员工的声音。两种形式是相辅相成的。(JSDCgh)

我们制定了《劳资双方沟通交流规范》，规定了劳资双方的日常交流。工会主席与总经理沟通，工会主席与管理部长沟通，双方共享意见和希望，从2008年11月正式确立实施。(FSTThr)

协商开始之前投入的精力其实是更多的。比如工会提13%，公司预算只有5%，所以前期参考的数据是很重要的。我们要和公司沟通，考虑它的能力，还要和员工沟通，才能提出合理的水平。(FSTTgh)

AX公司略显特殊的状况与企业HR和工会工作人员的个人特质有关，工会干部相对弱势，而HR则强势得多。在座谈中，调查员能够明显地发现这种力量上的倾斜，当调研员问及工会在员工参与中的主要职责时，AX公司的人力资源部经理和工会主席有了这样的对话：

gh：主要就是配合人事的工作，做好职工的安抚工作，尤其是有新的变动（的时候），对员工知情权的保障。hr：其实工会也做了很多。员工慰问、员工或员工家属生病探望，对员工不理解的问题的解答，这都是很重要的。gh：（转向hr）配合你们。hr：（笑）配合谈不上，就是合作嘛。

另外，该公司HR在解决劳动争议和处理停工问题上的工作绩效显著，受到了企业更大的认可和器重，这也进一步提升了HR的力量和在公司的地位，影响了工会—管理层关系和员工参与机制的运行状况。不过从表3-6

呈现出的关系摘要来看，这种略显悬殊的力量对比并没有大幅压缩 HR 和工会之间的联系与沟通，而是表现出了一种由 HR 主导的紧密关系，当然，这种关系与另外三家企业的工会—管理层的伙伴关系虽看起来类似，但背后的形成机理和影响因素却存在差异，是一种“纳入”式的紧密关系，而不是“制衡”式的紧密关系。

表 3－6　四家企业工会—管理层关系摘要表

	AX	FSTT	JSDC	DZDZ
工会—管理层力量对比	不太均衡	均衡	均衡	比较均衡，有 HR 兼任工会工作
工会—管理层关系紧密度	比较紧密，不独立	紧密，独立	紧密，比较独立	比较紧密，比较独立
工会与管理层之间的沟通度	一般（2）	很频繁（5）	比较频繁（4）	频繁（3）

（二）工会—管理层关系与参与机制运行方式

按照一般的解释，企业引进员工参与机制的动因可以归为四类：第一类是道德因素，认为雇员有权参与那些和他们有关的决策；第二类是权利因素，实际上承认雇员在组织内的集体权利；第三类是工会因素，直接的工会活动将推动资方提高雇员参与度；第四类是政治因素，来自政治体制的压力促使企业组织采取雇员参与度更高的管理方式（杨体仁、李丽林，2000）。除此之外，可能还有一个动因是绩效因素，企业意识到参与可能带来的企业绩效的提升，促使企业主动接纳参与机制。无论是来自企业内在的驱动力还是外部的压力，企业和工会都是将员工参与机制导入企业的重要主体，管理层和工会在劳动关系中的不同角色、互动以及对待员工参与的差异化态度将会形成不同的“工会—管理层关系”，并进一步显著影响企业员工参与机制的运行。那么，如何来描述员工参与机制的运行状况呢？实际上并没有研究给出完整的界定，本研究使用扎根理论的方法提取了 8 个范畴，从参与过程、参与载体、参与内容等方面来阐释员工参与机制的运行方式，案例企业的参与机制运行方式情况见表3-7。

表3-7　四家企业参与机制运行方式摘要表

	AX	FSTT	JSDC	DZDZ
参与渠道的类型	双通道	双通道	双通道	双通道
参与制度属性	直接/间接	直接/间接	直接/间接	直接/间接
参与形式丰富度	2种	5种	10种	6种
参与制度开展周期	频率最高为每季度一次	频率最高为每周一次	频率最高为每月一次	频率最高为每两周一次
员工参与内容	重要程度较低	重要程度较高	重要程度高	重要程度低
员工参与层次	中层次	中高层次	高层次	中低层次
参与代表选出	部门推选	工会会员推选	员工自下而上层层推选	部门推选
信息流向	双渠道双向	双渠道双向	双渠道双向	双渠道双向

首先是参与渠道的类型，四家企业的员工参与机制都有人力资源管理部门和工会两个主体的介入，都是典型的双主体作用下的双通道模式，员工既可以通过管理层设计建立的参与渠道实现参与，也可以通过工会主导的参与渠道表达意见。这就进一步引出了下一个维度的问题，即“参与制度的属性”。按照一般的解释，员工的参与行为可以分为直接参与和间接参与两种类型，Wall和Liseheron等（1997）将间接参与行为称为“员工参与”（employee participation），而将直接参与行为定义为“员工介入”（employee involvement）。他们认为，员工参与从本质上讲是一种集体主义，即员工通过代表以集体的形式与管理方交涉，形式也多以集体的参与行为为主，例如，集体谈判、工人委员会、职工代表大会等；而员工介入则更多地强调个人主义，雇主更多地愿意激发员工个体的参与意识，希望依靠员工对于生产流程、技术创新方面的信息优势，使雇员对组织产生责任感，作出贡献，进而提高生产效率和组织绩效，因此多采用诸如“员工持

股计划”“合理化建议”“工作再设计”“质量小组”“民主对话”等强调个体的自上而下进行的参与方式，并试图通过这些方式拉近与员工个人的距离。集体主义性质的员工参与制度多采取代表参与的形式，因此，对于大部分员工来说是一种间接参与，员工将参与的权利赋予少数的员工代表，由代表表达自己的意见；而个人主义性质的直接参与，参与主体是一个个独立的员工个人，雇主不希望通过“第三方”实现与员工的沟通，而鼓励员工个人就事务层面的问题直接向管理方提出建议，进行协商。根据这一解释来观察案例企业开展的员工参与活动，四家企业都是既有直接参与也有间接参与，区别主要在于直接参与制度和间接参与制度的数量分布与运行效果上。

从参与形式的丰富度来看，研究通过在访谈中分别向人力资源管理部门和工会确认实践中开展参与形式的数量来进行计算，发现四个企业中最多的一家企业（JSDC）运行着10种参与制度，企业之间数量差异较大，但“恳谈会”成为四家企业不约而同都选择的一种参与形式：一些企业还在不同管理层级上开展多层次的恳谈会，如“社长恳谈会”和“课内恳谈会”（DZDZ）；还有企业从管理层和工会两条线开展不同主体内部的恳谈会，如“职场恳谈会”和“工会座谈会”，“工会会员座谈会是工会和员工的，职场恳谈会是公司和员工之间的，这其中恳谈的员工也会出现重复（FSTThr）”，对于这种制度安排的解释，来自“一段时期可能大家关注的问题是相似的，我们就都去了解，只是意见收集的途径不同，但是改善的途径是一样的。工会会对改善进行监督，会对员工提出的意见进行跟踪（FSTTgh）”。

除了考察参与形式的数量之外，本研究还进一步关注这些参与制度的开展周期或频次。建制是实现员工参与机制运行的基础环节，但制度化、周期性地正常运行才能保证制度的有效性。从四个企业参与制度的运行频率上看，不同制度的运行频率有明显差异，工资集体协商、职代会制度多为一年一次，而由人力资源管理部门主导的自上而下的恳谈会、意见箱等频率则高得多，从四个企业的对比来看，频率最高的企业每周都会运行一项制度，应该说员工参与的普及度是很高的。

从员工参与的具体内容来看，企业民主化过程中员工参与的内容大致包括三方面：一是社会事务，即企业内有关劳工福利及劳动条件等问题，如工作时间安排、在职培训、休假规定、工资拟定等；二是人事事务，即企业内人事问题的决定，如员工雇佣、调遣及解雇等；三是经济事务，即有关企业生产、财务及销售等问题，如生产计划、企业财务状况、生产与销售情况等的讨论和分析（詹婧，2008）。访谈中我们了解到的案例企业中，员工参与涉及的内容主要包括工资调整、福利改善、公司运营情况、年终奖分配方案、生产改进和公司工作计划等。从类别上看，不同企业员工参与内容的重要程度是存在明显的差别的，JSDC 公司会“将公司运营情况提出来让一线员工和一线班组长提意见、参与讨论”（JSDChr）。“每年 4 月薪资谈判的时候会提出年终奖分配方案，让员工讨论，大家非常看重这个，现在我们是将税前利润的 20% 作为年终奖分配给大家的，这是员工意见的反映，是 2009 年停工之后建立的”（JSDChr）。FSTT 公司的员工参与内容的重要程度也比较高，会与员工进行“工资福利的共同协商”，还会将“公司经营状况、预算、目标、生产达成情况等统计出来，专门做经营信息追加说明会”（FSTThr）。而 AX 公司和 DZDZ 公司中，员工参与的内容则较多集中在工资福利、休息休假等社会事务方面，重要性程度相对较低。在参与内容的基础上，我们进一步判断了四个案例企业员工参与的层次，与参与内容的重要程度相关的，JSDC 和 FSTT 两家企业的员工参与层次较高，已经逐步涉及了重大决策和与劳动者切身利益相关的重大问题。

另外，参与代表的选出方式和参与过程中的信息流向也是反映参与机制运行状况的重要指标，四家企业的参与形式中都涉及了参与代表的选出，但是产生方式是不同的：AX 公司和 DZDZ 公司均采用了部门推选的方式，即“把名额分配到各个部门，由部门推选出代表，再报上来”；FSTT公司采用了工会会员推选的方式；JSDC公司则采用了层层推选的方式，由员工自下而上层层推选，从一线员工，到班组组长，再到部门代表，最终组成员工代表参与讨论。在参与过程中的信息流向问题上，四个企业都表现出双渠道双向的特征，即“管理层和工会的双渠道”“自上而下和自下而上的双向信息流”。

（三）参与机制运行的结果——从制度建立到制度产出的过程

如前文所述，企业引入和开展员工参与机制的最大驱动力来自制度可能促进企业绩效的提升，有关直接参与制度和间接参与制度效果的研究产出了不少有益的结论，多数研究者认为参与制度能够带来绩效的提高。包括质量圈（Munchus，1983；Verma，Mckersie，1987；Cooke，1992；Cost，Lorente，2008）、工作生活质量计划（Katz et al.，1983；Havlovic，1991；Lukas，1993；Bruce，Lau，1998；Chan et al.，2007；Rao et al.，2009）、自主管理团队（Batt，Appelbaum，1995；Newman，2003；Zwick，2004）、利润分享计划（Conte，Tannenbaum，1978；Brown et al.，1991；Fitzroy，Kraft，1992；Pendleton，Robinson，2010）在内的直接参与制度大多改善了员工的态度，提高了员工的积极性、凝聚力，降低了离职率、缺勤率，促进了企业生产效率的提升和产品质量的改善。同时，还有不少研究考察了以职工委员会制度和共同咨询委员会制度为代表的间接参与制度，尽管相当数量的研究没有支持德国职工委员会对企业绩效的积极作用（Cotton，1993；Doucouliagos，1995；Mueller，2012；Fitzroy & Kraft，1987；Addison et al.，2001 等），但是不少研究的数据显示，德国职工委员会制度并不破坏企业的效率，并有可能对企业的一些非财务指标起到促进作用（Backes，1997；Addison et al.，2007；Mueller，2011）；以 Fernie & Metcalf（1995）为代表的研究者分析英国第三次产业关系调查数据（WERS

1990）发现，共同咨询委员会通过改善企业的劳资关系氛围来提升企业绩效。

我们对案例企业参与机制的运行效果描述进行了摘要和总结，见表3－8。四家企业的人力资源管理人员和工会主席在对参与机制进行评价时，基本上都发现了员工工资福利的直接提升，以及在此基础上企业的效率提高、产品质量改善和劳动关系的稳定等效果，也就是说，员工参与对企业和员工都有积极影响。

表3－8　四家企业参与机制运行结果摘要表

企业	参与效果描述示例	参与效果总结	主要获益方
AX	2015年我们很多代表就提出来了，通过合理化活动给公司带来了增长，我们通过2015年的品质活动，不良品质大大下降，后来我们通过工时的改革，工吋也下降，这也等于提高了产品的单位售价	质量改善，效率提高，效益提升	双方
	物价的问题也曾讨论过很久，在2012年讨论后我们增加了住宅津贴，这是在五险一金之外的额外福利，2015年住宅津贴增长到390元/月	员工福利增长	
	最多的一年工资涨了22%，2009年涨了10%，2010年涨了20%，2011年涨了23%，2012年涨了20%，2013年涨了15%，2014年涨了13%，2015年涨了11%	工资增长	
FSTT	工资集体协商，工资上涨9次	工资增长	双方
	每年的意见箱能有100多条	员工意见表达	
	收集了178条意见，提高了员工的满意度	员工意见表达	
	正是由于这些沟通机制的存在，在减员的时候我们很平稳	劳动关系稳定	
	（公司的劳动争议事件）不多，有几年基本没有，最近每年一两个	劳动关系稳定	

续表

企业	参与效果描述示例	参与效果总结	主要获益方
JSDC	在员工稳定和归属感上起到了很重要的作用	员工归属感	双方
	我们多年没有发生劳动争议事件，被评为T市A级劳动关系和谐企业	劳动关系稳定	
	共有222人提出了307件合理化建议，公司采纳了273件，产生的经济效益达到374万元	员工意见表达，企业效益提高	
	我们4年的协商工资差不多翻了一番	工资提高	
	实施这个制度后我们最高赚到6000万元	企业效益提高	
	从2011年之后我们没有一起劳动争议	劳动关系稳定	
	恳谈会的价值在于提供了官方以外的渠道，是随机找员工，防止工会不作为或有偏颇的时候公司高层也有机会听到员工的声音	增加了沟通	
	我们员工的向心力和2008年之前比好了很多	员工向心力提升	
	我们的员工后来能说出“衣食足知荣辱”	员工素质提高	
	产值一个月突破上亿元	企业绩效提高	
	合理化建议的价值不仅是经济价值，还增加向心力，提高企业良好氛围，员工和企业互相信赖	员工向心力提升，企业绩效提高，劳动关系改善	
	从2008年开始，我们的工资涨了2.6倍左右，大幅度降低了单耗	工资提高 成本降低	
DZDZ	员工满意度的提高	满意度，向心力的提高	双方
	员工能力、工作热情的提高	员工能力提高，态度改善	
	员工向心力提高	员工向心力提高	
	员工更好地为公司发展做贡献	企业绩效	

通过对T开发区四家日资企业进行实地调研，本研究发现了企业中普遍存在的“工会—管理层关系”这一独立的劳动关系维度，它反映了工会与管理层，尤其是与人力资源部门的协调程度，以及在推进劳动关系管理过程中的互动程度。这一关系氛围由工会—管理层力量对比、工会—管理层关系紧密度、工会与管理层之间的沟通度三个维度构成，反映了双方之间不同的互动关系性质。这一关系氛围的形成受到雇主—雇员关系、工会—会员关系和工会主席特征等内部关系与主体特点的影响，同时还受到劳动关系微观环境和中观环境的塑造。对于案例所考察的四家企业来说，日企文化和开发区环境是其中最核心的两个要素。在同属日企文化的背景下，加之T开发区相对较深的管理介入和影响，四家企业的劳动关系状况和员工参与机制运行情况都是比较上乘的，在这一点上保持了一定的同质性。不过源于内部关系和主体特征的差异，四家企业在员工参与机制运行上仍然存在一些差异，表3－9将四家企业员工参与机制运行中存在差异的维度进行了归纳和罗列。

表3－9 四家企业工会—管理层关系与参与机制运行中的差异

	AX	FSTT	JSDC	DZDZ
工会—管理层力量对比	不太均衡	均衡	均衡	比较均衡，有HR兼任工会工作
工会—管理层关系紧密度	比较紧密，不独立	紧密，独立	紧密，比较独立	比较紧密，比较独立
工会与管理层之间的沟通度	一般（2）	很频繁（5）	比较频繁（4）	频繁（3）
参与形式丰富度	2种	5种	10种	6种
参与制度开展周期	频率最高为每季度一次	频率最高为每周一次	频率最高为每月一次	频率最高为每两周一次
员工参与内容	重要程度较低	重要程度较高	重要程度高	重要程度低
员工参与层次	中层次	中高层次	高层次	中低层次
参与代表选出	部门推选	工会会员推选	员工自下而上层层推选	部门推选

从表3－9来看，四家企业员工参与运行机制存在的主要差别集中于参与形式的数量、开展周期、员工参与的内容及其层次四个方面，工会与管理层关系中力量更加均衡、联系更为紧密、角色更为独立，在参与活动开展中沟通度更好的FSTT公司和JSDC公司，在员工参与的内容和层次上呈现出显著的高水平特征，能够参与更多相对重大的、重要性更高的决策事务；相反，管理层（人力资源管理部门）与工会力量对比相对悬殊，工会对管理层存在一定依附性的AX公司，员工参与的形式最少、活动开展频率也相对较低，员工能够参与的内容集中在相对日常的、层次较低的决策上。

在研究所获结论的基础上，我们还想进一步讨论以下几个问题：

第一，伙伴式的工会—管理层关系是否能够带来更高的员工参与水平？

良好的沟通和日常化、高频率的工作联系是伙伴式工会—管理层关系的重要表现，也确实在我们的研究中反映出了对员工参与机制有效运行的促进作用。但是，这种关系的建立背景可能是更需要考察的问题，伙伴关系的建立是来自双方势均力敌的“制衡”，还是来自一方强势的“纳入”？这是看起来类似的工会—管理层关系背后的影响因素。实际上，我们在T开发区进行调查的四个企业都来自T市人社部门的推荐，在劳动行政管理者的视野中，这四家企业都是“劳动关系协调的”“在参与和沟通上做得很不错的”企业，但深究其运行机制后，四家企业关于员工参与的一般表现和对员工参与水平的判断是有区别的。四家企业同样存在劳资双方的“恳谈会”等沟通机制，但是代表的选出过程、议题的确定、员工代表的发言机会、发言受重视程度、对决策的影响程度等，都是简单观察“开会”的现象所难以判断的。因此，同样是伙伴式的工会—管理层关系，其背后力量对比的差异会导致不同企业员工参与的“真伪”与“高低”。

第二，企业工会在促进员工参与的过程中是否需要放弃对抗形象，发展与管理层的合作抑或“依赖”关系？企业工会与管理层之间的何种关系是企业员工参与机制有效运行的合适土壤？

在全球化和工会组建率不断下降、非工会企业竞争日益加剧的背景下，不少国家的工会开始改变以往对管理层的对抗型战略，更多采用和谐的劳动关系战略来促进企业管理方式的改善以及生产效率的提高（Barling等，1992；Meyer，Cooke，1993）。

研究者进一步提出，鉴于工会的发展现状，从工会的角度来说，也应该倡导一种和谐的工会—管理层关系氛围，从而帮助工会赢得更多的支持。如Angle和Perry（1986）提出，工会应该寻求改变它们的对抗形象，与管理层发展更为和谐的关系，认为工会应该努力改善劳动关系氛围，而非仅仅坚持对抗的立场，只有这样才是一种理性的战略选择。Magenau等（1988）也提出了类似的观点，在确认了和谐工会—管理层关系对双重承诺影响的基础上，提出“冲突并不是工会取得它的成员支持所必需的”。与之相对应的另一个问题就是，工会在促进员工参与的过程中，是否需要彻底放弃对抗的想法和形象，转而从参与渠道、信息等多个方面依赖管理方呢？

实际上，本文的研究恰恰提供了一个不太相同的答案，即便在同样的伙伴式的工会—管理层关系背景下，管理层与工会在员工参与运行中的角色和出发点也是存在差异的，工会更关注员工从参与中的获益以及工会渠道的使用，而管理层则更关心企业的获益增加，不能受到员工参与的负面影响。对四家企业员工参与最终获益的归纳也能够看出，员工能够获得的收益主要是工资福利的改善，而从具体提升比例来看，这种改善更多来自经济发展和生活成本提升的推动，多数企业工人工资和福利的提升没有明显地超出这一界限。相反，企业则从中收获了更多的收益，包括生产效率的提升、产品质量的改善和成本的降低，应该说，工人能获得的收益与雇主相比是有限的。因此，为了保证实际有效的员工参与结果，尤其是能够对员工有效的结果，工会大可不必放弃独立的主体角色，刻意发展以“依赖型”为特征的伙伴关系。从T开发区的企业案例中我们也能够看出，在工会与管理层力量比较均衡的企业中，工会在员工参与活动中坚持独立性和代表性，在协助管理层开展参与活动的同时不放弃双渠道的参与活动，反而收获了更高的参与程度（更重要的参与内容和更高的参与层次）和更好的参与效果。

第四章

员工参与的分类维度与测量

——中心抑或边缘

前文中，我们分析和解释了员工在参与中一般性的意愿和行为，接下来一个待解的问题是，我们观察到的员工参与的程度差异问题如何用客观的衡量标准来评价。实际上，参与的分类维度与测量问题一直是员工参与管理研究的一个重点，不少研究者对员工参与进行了不同维度的划分，并据此开发出了测量员工或组织参与程度的各类量表。本节将在梳理现有划分维度和测量量表的基础上，筛选出适用于本研究的测量工具，作为判断员工在参与中的中心化抑或边缘化状态的依据。

一、员工参与维度的划分

作为员工参与理论的先驱者，Carole Pateman（1988）认为，从参与的程度上可以把员工的参与活动细化为整体参与和部分参与。整体参与是由处于平等地位的员工实施的，这些人能够按照个人意愿安排他们想要的工作方式和实施步骤。在决策层的每一个成员都享有同样的表决权利，并参与同样的表决过程，也就是说，所有员工具有相同的参与决策的权利。部分参与是指参与管理日常的企业行为，在部分参与过程中，其引起的结果对企业管理的影响程度很小。另外，工人决策的水平和方式可从他们决策的事务是整个企业层面的运作还是企业的常规事务进行划分，其区别在于员工参与水平的高低。

Lawler（1988）在员工参与的维度研究方面取得了很大成就，他从员工参与的对象上对参与进行了划分，提出员工自身知识的深化和教育、企业内部信息的传递、企业管理权力的分配方法、员工报酬的计量方式等维度。其中，“企业内部信息的传递”是指企业内部信息公开及充分沟通。而通过“员工自身知识的深化和教育”，可以为企业的大小决策的制定和各种问题的解决提供更多的经验和方法，这样员工可以更加深入地了解企业工作，并主动在做本职工作的同时为企业承担更多的责任。“员工报酬的计量方式”是指为了使员工主动获取并分析企业内部和外部的各方面信息，通过信息的筛选使有用信息转化为员工自身工作的技巧和能力，这样员工可以更加自信地参与企业的管理活动，作出合理的决策，从而使其工作效率得到提升，推动企业的发展，但这些活动的执行必须以企业目标为基准。“企业管理权力的分配方法”主要指在企业的决策过程中设立多种同一级别的小团体，比如员工质量小组、绩效自我管理的组织、对调查的及时有效反馈的团队、工作互助型的小单元、建议系统、决策参与小组、各种委员会形式等，使员工充分运用企业内部的有效信息。

在此之后，Jaime，Ángel，Elizabeth（2001）对员工参与进行了进一步的细化和归类，他们将员工参与划分为直接参与和间接参与，其中重点研究了员工的直接参与，认为这一参与形式主要是指咨询类的参与和授权类的参与。在他们的研究中，咨询类的参与主要指企业管理者对员工在其相关工作上处理问题的经验和看法作出评价，以及推动参与的具体手段，在此过程中，有资格对事件进行决策的仍然是管理者，其具体体现为在管理者的常规工作中加入员工的参与，一些微观的管理事务可以与员工共同协商解决。而授权类的参与更侧重增加员工在日常工作中的责任，使其能够比较自主地在一定范围内合理安排个人的工作，这一参与方式包括对员工工作的合理安排、对出勤与否的控制、对操作流程的改进。研究者设计了反映员工直接参与的问题，比如，将“能否参与上一级别的会议”作为咨询类参与活动的问题，将“是否能够改善操作流程的权力、是否能够与外国客户交易”作为授权类参与的问题，以此来对员工在企业中的直接参与进行评估。

在对企业员工参与的层次分析和研究中，Lawler（1991）在考虑知识、回报、决策和信息的基础上，同时考虑组织管理的层级在不同程度上进行的细致划分，将员工参与区分为三个不同的层级：平行建议参与、一般工作参与、高等参与。其中高等参与又称承诺参与（Commitment Involvement）或事务参与（Business Involvement），是指员工能在组织最底层感受到参与，能知道组织的整体情况如何，而不仅仅是能够感受到他们的工作是如何完成的，他们所属团队的绩效如何，强调员工关注组织绩效的同时，致力于改进组织绩效。在这一层面，相比个体工作事务的决策参与，其更强调员工在企业经营、战略、投资等其他更高层次领域的决策参与。一般工作参与（Job Involvement）有两种策略：一种策略是工作丰富化，聚焦于工作信息的传达和反馈，增加员工对于工作如何完成的影响力，鼓励员工使用多样化技能，给予完整的工作任务；另一种策略是建立工作团队，创造团队目标、任务，使团队成员感知到对部门绩效负有责任。平行参与又称平行建议参与，是指在基层员工和工作之间建立一种问题解决的联系，强调员工解决工作中的问题，同时为工作如何进行提供更好的建议。这种员工参与方式的主要目的是在正常的企业规定途径下，激励员工在企业发展中提供好的意见和建议，但企业管理的最终决策者仍然掌握在管理层手中。以上三种类型的不同层次员工参与，分别围绕信息共享、团队协作，以及参与决策这三个员工参与核心内容来展开。

我国在员工参与的量化维度方面的资料比较缺乏，大多是按照西方学者的研究模式进行的。程延园（2007）的研究主要侧重于员工在企业进行参与活动时的分类，其根据员工参与的方式，将员工参与划分为主动参与和被强制参与、非正式参与和正式参与、间接进行参与和直接进行参与；按照员工参与活动的多少，可划分为没有参与、一起研究、一起制定方案、完全由员工决定；根据员工参与活动的层级，可以划分为企业层面、管理层面、工作层面的参与，这个划分和 Lawler 的层次划分很相似。

在不同的文化背景、组织形式、管理制度及政策法规的环境下，员工参与的实践形式不胜枚举，因此，学者们对员工参与的结构分类并没有形成统一的意见。罗丹（2011）对国内外现有研究进行梳理，将学者们对员工参与构成的研究成果总结如下，见表 4－1。

表 4－1　员工参与构成

角度	项目	学者（年份）
参与程度	基层参与（日常工作的安排和责任配置等）	Wall et. al.（1977）
	中层参与（设备投资、员工培训等）	
	高层参与（战略决策制定、重大项目投资等）	
	假参与（仅有听取报告的权利，没有发言的权利）	程宗璋（2002）
	部分参与（员工对组织人事和经济事务有提出建议的权利）	
	完全参与（组织内各涉及员工利益的决策需经过员工同意才可通过）	
参与形式	正式参与（由法律规定的，正式地参与管理层决策制定的过程）	Dachler et. al.（1978）
	非正式参与（员工自愿参与，以管理层—员工关系为基础的交流过程）	祁华清（2001）
参与问题	直接参与（主要通过劳资洽谈会和员工持股制等形式实现）	Pooel（1986）
	间接参与（主要通过工会和职工代表大会等形式实现）	
	社会福利问题（工作条件、休息休假、福利待遇等）	
参与内容	人事变动问题（录用、升迁、解聘等）	Lawler（1988）
	组织经济问题（供应链、现金流等）	
	信息分享（员工开放性地进行信息交流的过程）	
	知识发展（集体解决问题的过程）	
	报酬系统（为鼓励员工参与设计的薪酬计划）	
	权利分享（合理授权，鼓励员工建言的过程）	
参与类别	咨询式参与（员工分享信息，管理者制定决策）	Cabrera et. al.（2001）
	授权式参与（员工可以自主安排工作内容和方式等）	
参与层次	平行参与（即信息共享，关注统计员工间的信息交流）	Lawer（1988）
	工作参与（即团队协作，关注组织内部的沟通合作）	

续表

角度	项目	学者（年份）
参与性质	高层参与（即参与决策，关注管理层的决策制定）	Jenna Rose（2002）
	心理参与（员工对组织参与制度的感知及评价）	
	行为参与（主要包括与工作相关和工作无关两方面）	

资料来源：罗丹．组织公平对员工参与和组织效能的中介作用．吉林大学硕士学位论文，2011：7－8

二、员工参与的测量

员工参与维度的划分是进行员工参与测度的前提，从表4－1可以看出，员工参与的结构维度比较复杂，从不同的视角出发会得出不同的维度划分方式，这也导致了员工参与测量的复杂性和差异性。总体而言，研究主要从两个方面对员工参与进行测量：一是基于员工参与的具体实践形式，二是基于员工参与的内容。

（一）国外学者的测量

基于员工参与的具体实践形式，Park（2011）从决策参与和财务参与两个角度对员工参与进行测量，分别对应选取了自主管理团队和团队激励两项指标，使用七分量表进行测度。1分代表没有一个员工参与，7分代表全体员工都参与，从而反映两项指标下的员工参与程度，同时两项指标均由管理者进行打分，从而使测量更为科学。Hoell（2004）通过员工在不同参与形式中的实践程度来测量员工参与，被试者对是否参与了质量圈、质量—工作—生活项目、劳方—资方机构、工作团队四项参与形式进行打分，没参与过任何一项为0分，四项都参与过为4分。Bodah，Mchugh和Yim（2008）基于过往研究将员工参与分为四类：代表参与、直接参与、财政参与和实质参与，并进行对应测量。代表参与，是指员工通过选举代表人表达心声；直接参与，是指面对面地参与活动如团队会议；财政参与，是指与薪酬相关的参与形式；实质参与，是指参与工作过程和组织结构的变动。

基于员工参与的内容，Lin（2006）使用自行开发的员工参与简短量表对员工参与进行测量，题目包括：员工能够参与公司重大事项的决策；员工的参与决策满足了员工控制和自我发展的需求；员工在工作中的自主权得到加强；公司关于员工参与决策制定了相应的规划，并且对于基层员工来说是开放的；在工作任务和职位调整方面，公司能够完全尊重员工的意愿。五个题目载荷于同一个因子，且该量表的信度在 0.8 以上。Felsteada 等（2010）基于二手数据使用七项指标来考量员工参与：拥有一个固定的工作小组以改进工作过程；在绩效面谈之前进行绩效考核；至少提了一个改进工作的建议；管理层组织会议共享组织发展的信息；管理层组织会议收集基层的建议和想法；根据个体绩效支付红利；根据团队和部门绩效支付红利。在 Edward E. Lawler（1988）建立的信息共享、团队协作以及参与决策的三个员工参与量表核心内容的基础上，Mark 和 Rene（1999）在研究组织气氛和员工参与之间的关系时开发了包括沟通、团队协作和参与决策三个维度的量表。

同样沿着 Lawler 研究脉络展开的量表开发研究还产生了其他一些成果，Guy Pare 和 Michel Tremblay（2004）在之前 Lawler 对组织绩效维度研究的前提下，对其进行了改进后形成五个维度，即员工各种能力的发展、企业内外部信息的分享、企业对员工的授权限度和方式、员工薪酬的制定、员工对企业公平程度的认同等。这一结构和上文中提到的 Lawler 的绩效维度结构基本上是一样的，唯一不同的是把员工报酬维度又细分为员工薪酬的制定和员工对企业公平程度的认同。之后，Michel Tremblay 和 Guy Pare 还进一步开发了具有 29 个项目的员工参与问卷，由信息分享、认同等五个维度构成。

除了建立在员工参与行为和具体实践基础上的测量研究之外，还有一些学者从员工的参与感知和主观感受的角度对参与程度进行测量。员工参与感知是员工对自身参与组织管理满意度的一种体现，也是组织推行员工参与实践有效性的一种体现。它是指员工对于自身参与决策程度的认知以及企业管理层推行员工参与实践努力程度的认知①。

关于其测量方法，不同的学者采用了不同的工具。Thomas，Zolin 和 Hartman（2009）只使用了一个题目对员工参与感知进行测量，即“你在组织目标实现的过程中参与的程度是多少?”由被试者对该题进行 4 分量表式的打分，得分越高表示员工对其自身参与程度的认知越高，这种测量方式显然过于简单了。Richardson 和 Vandenberg（2005）分别从授权、信息共享、知识和奖励四个方面设计了一个 8 个题项的量表，包括“我的工作团队被授予足够的自主权”“在公司政策变动前，管理者给予员工充分的信息”“我所在工作团队成员对于培训项目感到满意”等，让员工根据自身的感受和认知作出判断。Bodah，Mchugh 和 Yim（2008）则直接将员工参与分为四大类，即代表参与、直接参与、财政参与和实质参与，从员工参与的形式和结构方面对员工参与感知进行测量，通过问卷询问这四类参与项目的落实情况来衡量员工参与感知的程度大小。Cox，Marchington 和 Suter（2009）基于文献回顾编制的员工参与感知量表，包括“我对自己在工作相关事宜中的决策参与程度感到满意”等 4 个题项，既对员工参与的形式进行感知测量，也对员工参与的内容进行测量，并且与员工参与的实际落实程度、员工个体产出均存在显著相关关系。

（二）国内学者的测量方法

国内对于员工参与的定量研究较少，在测量方法上一般使用问卷法对员工参与进行测量，且在量表的使用上主要有本土化研究和借鉴国外成熟量表两大类。在本土化研究方面，谢玉华（2009）对已有研究进行梳理

---

① Marchington M, Goodman J, Wilkinson A, et al. New Developments in Employee Involvement. London: Employment Department, 1992

后，得出我国工业民主和员工参与的 12 种形式，包括合理化建议、民主生活会、自主工作团队、工资集体协商等，并将其作为量表对湖南省企业的员工参与现状进行了考察。其后，张群艳（2012）也借用了这一方式，通过由被调查者评价制度实施状况来测度员工参与状况。吴建平和陈紫葳（2010）也设计并使用了较为相似的量表，量表题项内容围绕关系到企业员工切身利益的审议权和决定权等展开，比如，在员工福利分配方案制定、任命或推荐中层干部时，是否会听取员工的意见或建议；厂务公开是否推行良好；员工是否有申诉、提出合理化建议等的渠道。

在国外成熟量表的应用和验证方面，朱庆华等（2005）参考 House 和 Rizzo（1972）的组织实践量表，设计了 8 个题项的员工参与量表，在我国物流企业员工中表现出较好的适用性。张震等（2002）在 Lawler 对员工参与的划分方法基础之上，用信息共享、团队合作和决策参与三个核心内容来代表员工参与的三个不同层次：平行建议参与、工作参与和高等参与，并借鉴了 House 和 Rizzo（1972）的组织实践量表，自行设计了包括 6 个题项的团队合作量表，也参考了 White 和 Ruh 的决策参与量表，形成了一个完整的三维员工参与量表，在我国企业员工中的应用表现出较好的适用性，内部一致性均在可接受水平之上。陈小平（2012）认为员工参与可分为直接参与和间接参与，前者通过代表员工行使权力的机构发生作用，后者则通过管理层直接赋予员工信息共享的权力，以及更多的自主权来实现。由此他参考 Ciavarella（2006）的高参与系统量表，根据员工参与的核心内容，分别从授权、信息共享、报酬以及知识开发四个维度对员工参与整体进行测量，量表的整体内部一致性在 0.9 之上，表现出很高的信度水平。黄坚学（2006）翻译了前文提到的 Guy Pare 和 Michel Tremblay（2004）研究的有关员工参与的调查问卷，并结合我国的实际情况运用 SPSS 的因子分析重选挑选问卷中的问题，得到新的量表，也同样包含五个维度，分别是授权、信息分享、认同、能力发展和公平报酬。周卓华（2007）编制了员工参与内容结构需求问卷，问卷由22个题项构成，涉及三个员工参与需求维度，个人事务需求维度主要涉及与员工个人利益和发展紧密相关的事务，比如工资、工作条件、安全、员工福利和奖惩等；部门事务需求维度主要包括员工对相关部门事务的参与管理需求，包括部门的目标设置、荣誉维护、人员及设备调配等事务；企业发展事务需求维度主要涉及对企业整体发展事务的参与需求，包括企业的投资和扩建、组织机构调整、生产成本控制等。

总体来看，国内外研究中对于员工参与量表的开发形成了一些主要结论，见表4－2。

表4－2　常见员工参与量表

维度	测量项目	项目数	信度	学者（年份）
单维	员工参与	5	0.81	Vroom（1960）
	员工参与行为	16	0.82	S. D. Saleh 和 James Hosek（1976）
二维	直接参与	7	0.85	陈荣贵（2007）
	间接参与	3	0.63	
三维	信息共享	4	0.69	张震、马力、马文静（2002）
	团队合作	6	0.77	
	参与决策	5	0.74	
五维	信息分享	9	0.93	Guy Pare et. al.（2001）
	认同	10	0.88	
	能力发展	9	0.92	
	工作—家庭政策	6	0.91	
	授权	6	0.71	
	信息分享	9	0.94	黄坚学（2004）
	认同	6	0.87	
	能力发展	6	0.86	
	公平报酬	5	0.86	
	授权	3	0.83	

资料来源：罗丹．组织公平对员工参与和组织效能的中介作用．吉林大学硕士学位论文，2011

员工参与的测量方法如同员工参与结构维度的划分一样，哪个量表更为科学严谨，学者并没有形成统一意见。但是 Saleh 和 James（1976）的研究成果被多数学者引用（Schuler，1987；Magdalene，2000；Jenna Rose，2002），在他们的研究中都得到较好信度（Cronbach 均大于 0.7），同时用这一量表考察员工参与行为也与本研究的主题更为契合，在前期进行量表试调查的时候，被调查者多数反映这一量表的描述更容易理解[①]，故本研究也选择这个量表对员工参与程度进行测度。

---

① 本研究在进行调研初期运用黄坚学（2004）的本土化量表与 Saleh 和 James 的量表对同样的一批被调查人员（27 人）进行试调研，其中有 22 人表示 Saleh 和 James 的量表描述更容易理解，更能够清晰反映员工参与的问题。

第五章

弱势员工参与边缘化的实证分析

一、研究设计与数据来源

为了进一步研究员工在参与中的分化及弱势员工的参与边缘化问题，我们选取了中国企业员工作为调查对象展开调研，这一对象的确定基于两个重要原因：其一，企业员工在全社会劳动者中占绝大部分，这一群体具有较好的代表性；其二，企业员工处于相对开放的市场环境中，与国外学者进行员工参与问题研究时面对的对象比较接近，可以进行有效的理论检验和对话。此外，我们在进行实证调研时也不去作体力劳动者和脑力劳动者的区分，而是注意在抽样中尽量覆盖各行各业，使得数据更具代表性。

在2014年8月至2015年3月期间，我们利用问卷星网络调查平台和纸质问卷两种形式，在全国范围内发放调查问卷，进行抽样调查。为保证调查的科学性和有效性，我们在选取抽样范围和样本时，一方面是基于我们的社会关系和能力范围，努力推进调查工作的进行并保证数据的真实；另一方面也注意抽样的覆盖范围和代表性问题，保证调研的信度和效度。本次调查共发放问卷737份，回收问卷602份，回收率81.7%，其中有效问卷538份，有效率89.4%。

问卷内容包括员工基本信息、员工职业信息、员工劳动关系状况、所在企业状况、员工参与制度建立状况以及员工参与程度量表等核心内容，共43道问题。希望通过考察员工各方面特征与参与程度的关系，判断是否存在员工参与程度的分级与分层状况，是否存在弱势员工的参与边缘化。

本研究使用克朗巴哈系数法（Cronbach's Alpha）来检视数据的内部一致性信度。相关研究者一般认为，得分在0.6以下为不可取，在0.6～0.8为有待优化，0.8以上最佳，本研究的具体系数见表5－1，员工参与程度评价量表符合信度要求。

表5－1 员工参与量表的克朗巴哈系数表

变量名称	Cronbach's Alpha
工作中有机会学以致用	.951
有机会按自己的方式工作	.950
有机会尝试自己的想法	.950
有机会做最在行的工作	.951
有机会做有趣的工作	.951
觉得当天很有意义	.952
有机会学新知识	.952
对自己的工作进度有足够发言权	.950
有机会独立处理事务	.951
上级会询问我的意见	.951
感觉工作很轻松	.960
建议很容易传递给上级	.951
有机会对自己的工作作重要决策	.951
意见可以影响上级	.952
工作可以自主决定	.960
为公司的成功作了重要贡献	.953

二、描述性统计结果

在此次调查中，如表5－2所示，从性别状况来看，男性占被调查对象的43%，女性占57%，女性的参与程度略高于男性；从受教育程度来看，初中及以下的被调查者所占比重为3%，高中/中专/职高/技工学校所占比重为6.6%，大专/高职/高级技工学校的占16.9%，大学本科占55.9%，而硕士及以上所占比重为17.5%，这些群体中参与程度最高的是大专/高职和硕士及以上群体；从婚姻状态来看，未婚占44.4%，已婚占52.9%，已婚群体的参与程度得分高于未婚的被调查者；从年龄分布来看，调查对象集中在40岁及以下的职场人士中，其中30岁及以下的被调查者所占百分比为53.7%，31～40岁所占比重为29%，不同年龄的群体参与程度差异并不是很大，其中51～60岁的被调查者参与得分相对更高一些；从户籍状态来看，非农业户口人数所占比重最高，占被调查者整体的86.4%，农业户口所占比重为12.4%，非农户籍的被调查者参与得分高于农村户籍的被调查者。另外，被调查对象的社会层级是本研究考察的重要因素，问卷中询问了员工对过去五年自身社会层级的评价、目前社会层级的评价以及未来五年社会层级的评价，被调查者在三个选项上的评分均值分别为：五年前的社会层级均值为3.9，目前社会层级均值为4.81，五年后社会层级均值为6.17，可见被调查对象对自身社会层级的评价处于中等位置，但对社会层级提高的信心是充足的。

表5－2　员工基本信息与参与水平

	特征	频数	百分比（%）	参与程度均值		特征	频数	百分比（%）	参与程度均值
性别	男	228	42.9	3.14	年龄	30岁及以下	285	53.7	3.24
	女	303	57.1	3.28		31～40岁	154	29	3.21
受教育程度	初中及以下	16	3.0	2.59		41～50岁	72	13.6	3.22
	高中/中专	35	6.6	3.15		51～60岁	17	3.2	3.47
	大专/高职	90	16.9	3.3		61岁及以上	3	0.6	2.38
	大学本科	297	55.9	3.2	户籍	农业户口	66	12.4	3.00
	硕士及以上	93	17.5	3.34		非农业户口	459	86.4	3.27
婚姻状态	未婚	236	44.4	3.20		没有户口	4	0.8	2.27
	已婚	281	52.9	3.22					
	离异	13	2.4	3.59					
	丧偶	1	0.2	3.06					

如表5－3所示，从被调查对象在企业中的岗位类别来看，管理人员所

占比例为27.5%，行政办事人员所占比例为14.3%，一般员工所占比例为37.7%，专业技术人员所占比例为12.5%，技术工人所占比例为3%，普通工人所占比例为2.3%，其中行政办事人员和专业技术人员的参与得分最高。从管理级别来看，有57.5%的被调查者没有任何管理级别，20.6%的被调查者是基层管理人员，17%的被调查者是中层管理人员，5%的被调查者是高层管理人员。从管理层级与员工参与程度得分的关系来看，高层管理人员的参与程度得分最高，为3.62；其次是中层管理人员，也达到了3.53。当问及被调查者的工作性质是否需要协同和支持时，仅有2.7%的对象表示完全不需要，绝大部分被调查者表示自己的工作需要其他同事的协同和支持，24.3%的对象表示非常需要，其中表示自己的工作“需要和非常需要协同与支持”的被调查者，参与程度得分也最高。从工作重要性来看，有1.9%的被调查者认为自己的工作完全不重要，4.6%的被调查者认为自己的工作不太重要，27.8%的被调查者认为自己的工作一般重要，49%的被调查者认为自己的工作对企业重要，有16.7%的被调查者认为自己的工作对企业非常重要，与上题类似，表示自己的工作“重要和非常重要”的被调查者，在参与程度上的得分也位于前列。从司龄情况来看，调查对象中既有刚入职不到一年的职场新人，也有在被调查企业中工作了46年的老员工，平均司龄6.3年。同时，除了考察员工的社会层级，问卷中我们也询问了员工“假设将企业内员工所处层级由低到高排列，1代表等级最低，10代表等级最高，请员工自己选择所处的级别”，员工对自己在企业内级别评价的均值为4.7，标准差为2.2。

从表5－4可以看出，就劳动合同签订情况来看，大部分被调查者都签订了劳动合同，所占比例为88.9%，只有8.2%的被调查对象未签订劳动合同，还有2.9%的人不清楚自己是否签订了劳动合同。从劳动合同类型来看，签订固定期限劳动合同的比例最多，占到了63.8%，签订无固定期限劳动合同的比例为27.3%，还有4.6%的被调查者签订了派遣合同。

从劳动合同签订情况与参与程度状况来看，没有表现出明显的差异，仅发现短期合同（以完成一定任务为期限）的被调查者参与程度偏低，仅为2.44。

从企业内有无工会来看，62.4%的被调查者表示有工会，27.8%的被调查者表示没有工会，还有9.8%的被调查者表示不清楚是否有工会，三类群体参与程度得分接近，没有表现出显著的差异。

表5－3　员工职业信息与参与水平

	特征	频数	百分比（%）	参与程度均值		特征	频数	百分比（%）	参与程度均值
员工类别	管理人员	146	27.5	3.3	是否需要协同和支持	完全不需要	14	2.7	2.28
	行政办事人员	76	14.3	3.38		不太需要	39	7.4	3.22
	一般员工	200	37.7	3.17		一般	93	17.6	3.13
	专业技术人员	66	12.5	3.37		需要	253	48.0	3.32
	技术工人	16	3	2.95		非常需要	128	24.3	3.31
	普通工人	12	2.3	3.09	工作重要性	完全不重要	10	1.9	2.19
管理级别	没有管理级别	302	57.5	3.18		不太重要	24	4.6	2.69
	基层管理人员	108	20.6	3.14		一般重要	146	27.8	2.95
	中层管理人员	89	17	3.53		重要	258	49.0	3.46
	高层管理人员	26	5	3.62		非常重要	88	16.7	3.47
等级	均值	4.7			司龄	均值	6.3		
	标准差	2.2				标准差	7.7		

表5－4　员工劳动关系状况与参与水平

	特征	频数	百分比（%）	参与程度均值		特征	频数	百分比（%）	参与程度均值
劳动合同	是	464	88.9	3.31	集体协商	是	52	16.2	3.63
	否	43	8.2	3.16		否	269	83.8	3.20
劳动合同类型	固定期限	292	63.8	3.34	调解劳资争议	是	25	7.8	3.78
	无固定期限	125	27.3	3.30		否	297	92.2	3.24
	派遣合同	21	4.6	3.33	文体娱乐活动	是	216	66.9	3.36
	完成任务的	5	1.1	2.44		否	107	33.1	3.12

续表

	特征	频数	百分比（%）	参与程度均值		特征	频数	百分比（%）	参与程度均值
工会	有	324	62.4	3.27	劳动竞赛	是	80	24.8	3.43
	没有	144	27.8	3.38		否	242	75.2	3.23
	不清楚	51	9.8	3.19	会员大会或员工大会	是	88	27.2	3.60
工会会员	工会干部	35	10.9	3.58		否	236	72.8	3.15
	一般会员	197	61.6	3.24	合理化建议	是	72	22	3.29
	非会员	59	18.4	3.24		否	255	78	3.23
	不清楚	29	9.1	3.22	困难员工捐助	是	109	33.5	3.45
工会主席	知道	239	74.9	3.33		否	216	66.5	3.19
	不知道	80	25.1	3.14	员工培训	是	122	37.4	3.51
工会主席选举	参加过	95	29.9	3.44		否	204	62.6	3.14
	没参加过	188	59.1	3.26					
	没听说过	35	11	2.97					

表 5－5　企业特征与员工参与水平

	特征	频数	百分比（%）	参与程度均值		特征	频数	百分比（%）	参与程度均值
企业性质	国有企业	243	46.4	3.11	企业规模	50 人及以下	78	14.8	3.37
	集体企业	21	4.0	3.28		51～100 人	48	9.1	3.55
	民营企业	161	30.7	3.36		101～300 人	136	25.9	3.28
	外资企业	53	10.1	3.56		301～500 人	48	9.1	3.25
	其他类型	46	8.8	3.33		501～1000 人	55	10.5	3.20
企业时间	1～5 年	76	14.5	3.3		1001～2000 人	30	5.7	3.19
	6～10 年	78	14.9	3.28		2001～5000 人	45	8.6	3.36
	11～15 年	85	16.3	3.32		5001 人及以上	86	16.3	2.99
	16～20 年	64	12.2	3.33	管理层级	非常扁平	25	4.8	3.05
	21 年及以上	220	42.1	3.20		层级不太多	136	26.3	3.15
						层级一般	138	26.6	3.37
						层级比较多	165	31.9	3.34
						层级非常多	54	10.4	3.06

在有工会的企业内，考察员工的会员身份发现，10.9% 的员工是工会

干部，61.6%的员工是一般会员，18.4%的员工是非会员，还有9.1%的员工表示不清楚自己是否为工会会员，这其中工会干部的参与程度明显高于其他群体，而此外的其他群体间并无太大差异。同时，我们询问了员工是否知道工会主席，有74.9%的人知道工会主席，而25.1%的被调查者并不知道工会主席是谁。当进一步问及是否参加过工会主席选举，有29.9%的员工表示参加过，59.1%的人表示没参加过，还有11%的被调查者表示没听说过工会主席选举。

从员工参与企业内民主活动来看，有16.2%的被调查者主持或参与过集体协商，83.8%的被调查者未参与过集体协商；7.8%的被调查者参与或主持过调解劳资争议，92.2%的被调查者没有参与过；有66.9%的被调查者参与或主持过文娱活动，33.1%的被调查者未参与过；24.8%的被调查者参与或主持过劳动竞赛，75.2%的被调查者未参加过；27.2%的被调查者参与或主持过会员大会或员工大会，72.8%的被调查者未参加过；22%的被调查者参与或主持了合理化建议，78%的被调查者未参与过；33.5%的被调查者参与或主持了困难员工捐助，66.5%的被调查者未参与过；37.4%的被调查者参加过员工培训，62.6%的被调查者未参加过员工培训。从整体情况来看，参加过集体协商等一系列活动的被调查者比例明显低于未参加过的员工，参加过此类活动的员工的参与程度普遍高于未参加过这些活动的被调查者，但并未表现出明显的大幅差异。

观察被调查对象所在企业的特征，从所有制来看，有46.4%的被调查者所在企业为国企，4%的被调查者所在企业为集体企业，30.7%的被调查者所在企业为民营企业，10.1%的被调查者所在企业为外资企业，另有8.8%的被调查者所在企业为其他类型的企业。其中，外资企业员工的参与程度得分均值最高，为3.56；而国有企业最低，为3.11，见表5-5。

从企业成立时间来看，被调查者所在企业中有接近一半的企业成立时间在21年以上，所占比例为42.1%，成立时间在10年以内和10~20年的企业各占三成。就企业成立时间来看，员工在不同成立时间的企业中的参与程度没有明显的差异。同时，我们进一步考察企业规模发现，被调查者所在企业规模在 101 ~ 300 人的较多，为 25.9%；在 51 ~ 100 人的企业中，员工参与程度得分最高，为 3.55；而在 5001 人以上的大规模企业，员工参与得分反而是最低的，仅为 2.99。

从企业管理层级来看，4.8% 的被调查对象所在企业层级非常扁平，26.3% 的被调查对象所在企业层级不太多，26.6% 的被调查对象所在企业层级一般多，31.9% 的被调查对象认为所在企业层级比较多，而 10.4% 的被调查对象认为所在企业层级非常多，其中管理层级一般和较多的企业中，员工的参与程度得分最高。

除了从员工参与行为的角度考察参与程度之外，研究还关注了企业的员工参与制度建立情况和民主氛围的营造状况。我们归纳总结了八种企业实践中经常建立和采用的员工参与制度，主要包括职工代表大会、厂务公开、职工董事与职工监事、集体协商与集体合同制度、合理化建议制度、民主评议制度、民主生活会和员工意见调查制度，考察这些制度在实践中的应用情况。

有 50.6% 的被调查者所在企业设立了职工代表大会，32% 的被调查者所在企业没有设立职工代表大会，还有 17.4% 的被调查者不知道所在企业是否设立了职工代表大会。34.6% 的被调查者所在企业有厂务公开制度，38.6% 的被调查者所在企业没有厂务公开制度，26.8% 的被调查者不清楚自己所在企业是否有厂务公开制度。25.9% 的被调查者所在企业有董事会与职工监事，39.8% 的被调查者所在企业没有董事会与职工监事，还有 34.3% 的被调查者不清楚自己所在企业是否有董事会与职工监事。30.9% 的被调查者所在企业有集体协商与集体合同制度，另有 32.2% 的被调查者所在企业没有建立这一制度，还有 36.9% 的被调查者不知道自己所在企业是否有该项制度。从这四项制度的建立情况与员工的参与得分来看，建立有四项制度的企业中，员工的参与得分差异不明显，最高的为职工董事监事制度和集体协商与合同制度。同时，考察单项制度可能实现的员工参与内部分化情况，企业是否建立这几项制度也没有对员工参与程度产生明显的影响，除了职工代表大会制度外，建立其他三项制度的企业中，员工的参与得分略高于未建立该制度的企业；而建立职工代表大会制度的企业中，员工的参与程度得分反而低于未建制企业。

60%的被调查者所在企业有合理化建议制度，19.6%的被调查者所在企业没有这一制度，还有20.4%的被调查者不知道所在企业是否有该项制度。47.7%的被调查对象所在企业有民主评议制度，25.5%的被调查对象所在企业没有建立这一制度，还有26.8%的被调查对象不知道自己所在企业是否有该项制度。46.9%的被调查者所在企业有民主生活会，29.3%的对象所在企业没有民主生活会，还有23.8%的被调查对象不知道自己所在企业是否有该项制度。60.6%的被调查对象所在企业有员工意见调查制度，18.9%的被调查对象所在企业没有员工意见调查制度，20.5%的被调查对象不知道自己所在企业是否有该项制度。合理化建议制度、民主评议制度、民主生活会和员工意见调查制度也是我们在调研中发现企业采用频率较高的四项制度，其中建立有合理化建议制度和员工意见调查制度的企业中，员工的参与得分略高于建立另外两项制度的企业，但差别不大。数据也显示，建立这四项制度的企业中，员工的参与得分比较明显高于未建制企业，其中是否建立员工意见调查制度的企业差别最为明显。

我们进一步考察员工在这些制度中的实际介入深度，调查发现，33.2%的被调查对象参加过职工代表大会代表的选举，46.7%的被调查对象没有参加过职工代表大会代表的选举，还有20.1%的被调查对象表示没有听说过此事。12.7%的被调查对象参加过职工董事与监事的选举，58.1%的被调查者没有参加过职工董事与监事的选举，还有29.2%的被调查者表示没听说过此事。18%的被调查对象参加过集体协商员工代表的选举，53%的被调查者没有参加过集体协商员工代表的选举，另外也有高达29%的被调查者表示没有听说过此事。曾经参加过上述代表选举的员工在参与得分上表现出了比较明显的优势，尤其是曾经参与过职工董事监事选举的员工，参与程度均值为3.72，明显高于未参加过和不清楚此事的员工。

在和上级沟通是否顺畅这个问题上，接近一半的被调查对象都表示和上级沟通顺畅，所占百分比为48.2%，10.8%的被调查者表示和上级沟通很顺畅，7.1%的被调查者表示和上级沟通得不顺畅或者很不顺畅。同时，有接近六成的被调查者表示和同事沟通顺畅，所占比例为58.4%，15.3%的被调查者表示和同事沟通十分顺畅，仅有2%的被调查者与同事沟通不顺畅或者很不顺畅。无论是与上级还是同事的沟通，数据都显示，沟通越顺畅的员工，其参与得分越高。在此基础上，我们进一步考察了上级对员工参与的支持程度和领导风格，发现52.1%的被调查者表示他们的上级支持或者很支持他们的参与行为，不太支持和很不支持的只占9.1%左右，这其中上级参与支持程度最高的员工也表现出了最高的参与水平，得分接近4。此外，超过一半的被调查者（53.9%）表示他们上级的领导风格是民主的，仅有25.3%的被调查者认为他们的上级领导风格是专制的，领导风格属于民主型的员工，其参与得分明显高于专制型领导的下属，参与程度均值有接近1的差距，见表5－6。

表5－6　企业民主氛围建设及参与水平

	特征	频数	百分比（%）	参与程度均值		特征	频数	百分比（%）	参与程度均值
职工代表大会	有	258	50.6	3.30	员工代表的选举	参加过	157	33.2	3.38
	没有	163	32.0	3.38		未参加过	221	46.7	3.26
	不知道	89	17.4	3.23		不清楚	95	20.1	3.32
厂务公开制度	有	173	34.6	3.44	集体协商代表选举	参加过	83	18	3.55
	没有	193	38.6	3.29		未参加过	245	53	3.27
	不知道	134	26.8	3.24		不清楚	134	29	3.22

续表

	特征	频数	百分比（%）	参与程度均值		特征	频数	百分比（%）	参与程度均值
董事与职工监事	有	131	25.9	3.47	职工董事监事的选举	参加过	59	12.7	3.72
	没有	201	39.8	3.31		未参加过	270	58.1	3.27
	不知道	173	34.3	3.24		不清楚	136	29.2	3.23
集体协商与合同制度	有	155	30.9	3.46	和同事沟通是否顺畅	很不顺畅	5	1.0	2.09
	没有	161	32.2	3.25		不顺畅	5	1.0	3.25
	不知道	185	36.9	3.28		一般	126	24.4	2.88
合理化建议制度	有	304	60	3.43		顺畅	302	58.4	3.44
	没有	99	19.6	3.11		很顺畅	79	15.3	3.64
	不知道	103	20.4	3.21	上级领导的态度	很不支持	10	1.9	2.36
民主评议制度	有	241	47.7	3.40		不太支持	37	7.2	2.89
	没有	129	25.5	3.30		一般	201	38.9	3.01
	不知道	135	26.8	3.20		支持	233	45.1	3.59
民主生活会	有	238	46.9	3.36		很支持	36	7	3.99
	没有	149	29.3	3.24	上级领导风格	专制	130	25.3	2.82
	不知道	121	23.8	3.33		自由	83	16.1	3.27
员工意见调查制度	有	308	60.6	3.46		民主	277	53.9	3.59
	没有	96	18.9	3.08		其他	24	4.7	2.97
	不知道	104	20.5	3.15	和上级沟通是否顺畅	很不顺畅	14	2.7	2.30
公开事项	重大决策	267	52.0	3.47		不顺畅	23	4.4	2.72
	经营管理	245	47.7	3.43		一般	175	33.8	2.99
	员工利益	298	58.0	3.45		顺畅	249	48.2	3.55
	廉政建设	190	37.0	3.43		很顺畅	56	10.8	3.80

三、不同类型的员工在参与中的分化

前文的描述统计结果在一定程度上反映了不同特征员工在参与程度上的差异，本部分内容将进一步验证这种分化是否显著。从被调查员工整体的员工参与程度来看，被调查的538名员工的参与程度均值为3.19，处于中等水平，具体情况见表5－7。

表 5 -7　员工的参与程度均值

参与程度	均值	中位数	众数
数值	3. 19	3. 31	3

（一）人口学特征与参与程度差异

针对调研对象的人口学特征，我们检验性别、年龄、户籍、受教育程度、政治面貌、婚姻状况以及社会层级这些人口学特征是否会影响员工的参与程度，见表 5 -8。

表 5 -8　人口学特征和员工参与程度

	因素	T 检验 sig 值	方差分析 sig 值
个体人口学特征	性别	. 097 $^{+}$	
	年龄		. 464
	户籍		. 018 *
	受教育程度		. 048 *
	政治面貌	. 411	
	婚姻状况		. 577
	社会层级		. 000 ***

注：$^{+}$P <0. 1；* P <0. 05；* * * P <0. 001，Coefficient（Std. Error）。

性别差异的结果显示，不同组间独立样本 T 检验统计量 t = -1. 665，P 值为 0. 097 <0. 1，可见不同性别员工之间的参与度差异显著。这一点也在其他研究者的研究结论中得到了一定程度的证明，Denton（1993）的研究发现，与男性员工相比，女性员工的参与意愿要低；Khalid Othman Alyahya（1994）的研究表明，女性员工与男性员工在参与上的差异主要表现在决策上，男性员工比较倾向于进行各种类型的参与，而女性员工则只倾向于进行咨询性参与。年龄差异的方差分析结果显示，不同年龄段的方差统计量 F =0. 900，sig 值为 0. 464 >0. 1，所以不同年龄段的员工参与度差别不显著。不同户籍状态的员工参与度方差统计量 F = 3.377，sig 值 = 0.018 < 0.05，所以不同户籍状态的员工参与程度差异显著。受教育程度差异分析的结果显示，不同受教育程度的员工方差统计量 F = 2.414，sig 值 = 0.048 < 0.05，因此不同受教育程度的员工参与程度差异显著，这与多数研究者的发现相同。不少研究认为个人教育程度是影响员工参与程度的重要因素，Locke（1979）提出，员工自身所具备的专业领域知识和相关技能能够提高工作的绩效，组织授权给那些有能力的员工会提高整个组织工作的有效性。相反，授权给缺少相应能力的员工会降低整个组织工作的有效性，甚至有可能降低工作绩效，因此受教育程度较高的员工能够相应获得更多的参与机会。Khalid Othman Alyahya（1994）的研究发现，受教育水平和能力高的员工在技术和人际交往能力方面也较高，这会对他们自我实现、责任感和成就动机等方面的需求有一定的增强作用，因此，具备相应的能力会推动员工参与的效果，提高员工参与的程度。王彬彬、赵增耀（2004）的研究也指出，员工参与管理的程度会受到员工知识水平的制约，在员工知识程度比较低的情况下，通常只能让员工提出局部性建议；当员工的知识水平比较高、能力较强的时候，可以在一定范围内授予一定的管理权力；其参与的程度更高。

针对员工政治面貌的差异分析结果显示，T 检验的 sig 值 = 0.411 > 0.05，因此，我们得出政治面貌对员工的参与程度无影响的基本判断。对员工婚姻状况的分析结果显示，不同婚姻状况的员工参与 F = 0.66，sig 值 = 0.577 > 0.05，所以婚姻状况对员工参与度也没有明显的影响。社会层级方差分析的 sig 值为 0 < 0.001，这表明不同社会层级的员工参与程度有显著的差异。综合分析调查对象人口学变量与参与程度的关系我们可以发现，员工参与程度在性别、户籍、受教育程度和社会层级上存在显著性差异，而在年龄、政治面貌和婚姻状况上并无显著差异。

（二）个体职业特征与参与程度差异

已有文献显示，影响员工参与程度的因素不仅包括个体的人口学特征，还包括员工在组织中的职业特征，我们调查了员工类别、管理级别、职称、技工等级、企业内相对层级、是否需要同事协助、工作重要性等因素是否会影响员工的参与程度，具体情况见表5－9。

表5－9　职业特征和员工参与程度

	因素	方差分析 sig 值
个体职业特征	员工类别	.017 *
	管理级别	.001 **
	职称	.311
	技工等级	.397
	企业内相对层级	.000 ***
	是否需要同事协助	.001 **
	工作重要性	.000 ***

注：$^{+}P<0.1$；$*P<0.05$；$**P<0.01$；$***P<0.001$，Coefficient（Std. Error）。

我们按照工作类别，将员工分为管理人员、行政办事人员、一般职员、专业技术人员、技术工人和普通工人六类，考察不同类别的员工在参与程度上的差异，得出 sig 值＝0.017＜0.05，这说明不同类别的员工参与程度存在差异。已有的一些研究也发现了员工职业类别的差异与员工参与程度差异之间的关系，杨帆等（2008）对管理人员和一般员工的参与意愿进行研究比较时发现，参与管理的重要性对管理人员来说比对一般员工更重要，因此其参与意愿也更为强烈。

研究进一步考察员工的管理级别与参与程度差异的关系，结果显示，不同管理级别的员工参与度 F 值 =5.407，sig 值为 0.001 <0.01，不同管理级别的员工参与度不同。Vroom 等（1973）的研究也从另一个侧面支持了本研究的发现，其研究指出，参与活动不太适合在组织中的较低层次（工作程序化特征）实施，而应该在较高层次（工作比较复杂）实施，这说明不同管理层次可能会由于适应性上的区别而导致参与程度的差异。

除了管理级别，另一个反映职工层级差异的指标是员工的职称状况，sig 值 >0.1，因此我们认为，员工的职称水平与参与程度无关。与此同时，我们针对技术工人考察了他们的技工等级，也得出 sig 值 >0.1 的结果，因此可以得出，技术员工的技工等级对员工参与程度也无影响。

在调查中，我们还特别提出了企业内相对层级的问题，由被调查者进行判断，1 ~ 10 分代表员工在企业内层级从低到高的水平，计算发现 sig 值 =0.00 <0.001，因此，员工在企业内的不同层级对于员工参与程度存在显著差异。另外，有关工作性质与特征的问题，我们考察了工作是否需要同事协助和工作的重要性两个问题，在员工工作是否需要同事协助这一问题上，sig 值 =0.001 <0.01，因此可以得出，员工工作的不同独立性程度在参与程度上存在显著差异；从工作重要性来看，sig 值 =0.000 <0.001，因此可以得出，员工工作的不同重要性程度在参与程度上也存在显著差异。总体来看，员工参与程度在员工职业特征中的员工类别、管理级别、企业内相对级别、工作独立性和工作重要性上存在显著差异。

（三）企业特征与参与程度差异

除了员工个体因素之外，企业环境及特征也会对员工的参与程度产生影响，我们重点考察了企业所有制、员工规模、成立时间、内部管理层级等特征与员工参与程度的关系，见表 5 -10。

表 5 - 10　企业特征和员工参与

	因素	方差分析 sig 值
企业特征	企业所有制	0.006 **
	员工规模	0.040 *
	企业成立时间	0.739
	企业内部管理层级	0.047 *

注：+ $P<0.1$；* $P<0.05$；** $P<0.01$；*** $P<0.001$，Coefficient（Std. Error）。

通过考察员工参与程度在不同企业所有制中的差异，结果显示 sig 值 =0.006 <0.01，也就是在不同所有制性质的企业中，员工参与程度的差异显著。这一点也在不少学者的研究中得到了验证：在我国不同性质的企业中，各类企业的民主传统、管理模式和运作方法存在较大差别，因此员工参与的形式和程度也存在明显差别（谢玉华等，2010）。

企业员工规模也是不少研究者考察的影响员工参与程度的重要因素，方差分析的结果显示，sig 值 =0.04 <0.05，这说明在不同规模的企业中，员工参与程度的差异显著。Alyahya（2005）也发现了组织规模与员工参与度呈现显著性差异。还有一些研究发现，相比较而言，在规模较大的组织中，员工更积极参与决策（Conner，1992；Othman，2005；谢玉华、黄菲，2009）。但也有一些学者认为，组织规模的大小与参与程度呈负相关（Heller，1998）。

企业年龄的方差分析结果显示 sig 值 >0.1，因此不同的企业年龄在员工参与程度得分上并无显著差别。本研究的这一结论与一些研究者有关企业年龄与参与程度关系的发现存在分歧，雷小霞（2009）认为，新企业的转换成本较低，因此在引进员工参与制度方面更有优势，持相同观点的还有 Chi，Freeman 和 Kleiner（2007）的研究。

通过考察企业内部管理层级与员工参与程度的关系我们发现，其方差分析结果 sig 值 =0.047 <0.05，因此我们认为，不同管理幅度的企业中员

工的参与程度存在显著差异。

（四）劳动关系状况与参与程度差异

员工参与水平是反映企业劳动关系状况的重要指标，因此，我们进一步检验员工签订劳动合同情况、签订劳动合同类型、企业是否有工会、员工与工会的身份关系、是否知道工会主席是谁、是否参加过工会主席的选举、是否参加过工会主持的活动等劳动关系状况因素与员工参与程度的关系，见表5－11。

表5－11 劳动关系状况和员工参与程度

	因素	T检验sig值	方差分析sig值
劳动关系状况	签订劳动合同情况		.203
	签订劳动合同类型		.045 *
	是否有工会	.224	
	与工会的身份关系		.321
	是否知道工会主席是谁	.072 +	
	是否参加过工会主席的选举	.076 +	
	是否参加过工会主持的集体协商	.001 **	
	是否参加过工会主持的调解劳资争议	.001 **	
	是否参加过工会主持的文体娱乐活动	.013 *	
	是否参加过工会主持的劳动竞赛	.059 +	
	是否参加过工会主持的会员大会或员工大会	.000 ***	
	是否参加过工会主持的合理化建议	.035 *	
	是否参加过工会主持的困难员工捐助	.008 **	
	是否参加过工会主持的员工培训	.000 ***	

注：+ $P<0.1$；* $P<0.05$；** $P<0.01$；*** $P<0.001$，Coefficient（Std. Error）。

调查结果显示，员工签订劳动合同情况的方差分析结果sig值＝0.203＞0.1，因此员工签订劳动合同的情况对员工参与程度无显著影响。但是进一步考察签订有劳动合同的员工我们发现，不同劳动合同类型的方差分析统计量 sig 值 =0.045 <0.05，这说明在签订劳动合同的员工中，员工参与的程度在不同类型劳动合同的员工中差异显著。

在考察工会与员工参与程度的关系时，我们设计了三个问题，首先，企业是否有工会？其 T 检验统计量 sig 值 =0.224 >0.1，这说明企业是否建立工会并不会影响员工的参与度。其次，关于员工在工会中的角色和身份（或者可以理解为员工与工会的关系），员工是工会干部、普通会员还是非会员与员工参与程度有何关系？其方差分析结果显示 sig 值 =0.321 >0.1，因此，员工是否与工会有密切的身份关系与员工参与程度并无明显关联。最后，员工是否知道企业目前的工会主席是谁？其 T 检验的 sig 值 =0.072 <0.1，这说明员工对现任工会主席的知晓程度会影响员工的参与程度。

在上述研究的基础上，我们还研究考察了建立工会的企业中员工是否参加过工会主办的一系列活动与参与程度之间的关系。员工是否参加过工会主席的选举，T 检验的 sig 值 =0.076 <0.1；员工是否参加过集体协商，T 检验的 sig 值 =0.001 <0.01；是否参与调解劳资争议，T 检验的 sig 值 =0.001 <0.01；是否参与过工会举办的文体娱乐活动，T 检验的 sig 值 =0.013 <0.05；是否参与劳动竞赛，T 检验的 sig 值 =0.059 <0.1；是否参加过会员或员工大会，T 检验的 sig 值 =0 <0.001；是否参与过合理化建议，T 检验的 sig 值 =0.035 <0.05；是否参与过困难员工捐助，T 检验的 sig 值 =0.008 <0.01；是否参与过员工培训，T 检验的 sig 值 =0 <0.001。数据分析结果显示，在建立工会的企业中，员工的参与程度在员工是否参与过上述工会组织和举办的活动上呈现显著差异，或者可以这样理解，企业工会在组织和开展活动上的努力程度对员工参与程度产生了重要的影响。有关工会活动与员工参与程度的关系，Cooke（1994）通过对 841 家企业进行的调研也发现，与非工会化企业相比，工会化企业为收获 EI（Employee Involvement，员工参与）项目成果提供了更好的环境，因此有

可能获得员工更高的参与感。

（五）所在企业民主氛围建设情况与员工参与程度差异

表 5－12　企业内民主氛围建设和员工参与

	因素	T 检验 sig 值	方差分析 sig 值
企业内民主参与制度建设情况	是否有职工代表大会	.379	
	是否有厂务公开	.077^{+}	
	是否有职工董事与职工监事	.080^{+}	
	是否有集体协商与集体合同制度	.023 *	
	是否有合理化建议制度	.001 **	
	是否有民主评议制度	.220	
企业内民主参与制度建设情况	是否有民主生活会	.179	
	是否有员工意见调查制度	.000 ***	
职工民主选举情况	是否参与过职工代表大会代表的选举	.136	
	职工董事与监事的选举	.000 ***	
	集体协商员工代表的选举	.007 **	
工作环境	与上级管理层的沟通是否顺畅		.000 ***
	与同事间的沟通是否顺畅		.000 ***
	上级管理层对下属参与管理决策的态度		.000 ***
	上级管理层的领导风格		.000 ***
企业公开事项	企业重大经营管理决策	.000 ***	
	企业生产经营管理方面的重要问题	.013 *	
	涉及员工切身利益方面的问题	.000 ***	
	与企业领导班子建设和党风廉政建设密切相关的问题	.078^{+}	

注：$^{+}P<0.1$；$*P<0.05$；$**P<0.01$；$***P<0.001$，Coefficient (Std. Error)。

综上所述，员工参与在企业的真正落地不仅需要员工积极地参与意愿和参与态度，还需要企业的认可和接纳，本部分考察企业的民主参与氛围建设与员工参与程度的关系，将企业的民主参与氛围建设划分为参与制度的建设情况、职工民主选举情况、工作环境氛围的营造和企业公开事项的内容四个方面。

通过考察企业内员工参与制度的建设情况可以得知，是否有职工代表大会，T 检验的 sig 值 =0.379 >0.1；是否建立厂务公开制度，T 检验的 sig 值 =0.077 <0.1；是否建立职工董事与职工监事制度，T 检验的 sig 值 =0.080 <0.1；是否建立集体协商与集体合同制度，T 检验的 sig 值 = 0.023 <0.05；是否建立合理化建议制度，T 检验的 sig 值 =0.001 <0.01；是否建立民主评议制度，T 检验的 sig 值 =0.22 >0.1；是否存在民主生活会，T 检验的 sig 值 =0.179 >0.1；是否建立员工意见调查制度，T 检验的 sig 值 =0 <0.001。就上述八项参与制度的建立情况与员工参与的关系来看，员工参与程度在是否建立厂务公开制度、职工董事监事制度、集体协商制度、合理化建议制度、员工意见调查制度等方面存在显著差异。

从职工民主选举情况来看，是否参与过职工代表大会代表的选举，T 检验的 sig 值 =0.136 >0.1；是否参加过职工董事与监事的选举，T 检验的 sig 值 =0.000 <0.001；是否参加过集体协商员工代表的选举，T 检验的 sig 值 =0.007 <0.01。因此，从职工民主选举活动与参与度得分的关系来看，员工参与程度在是否参加过职工董事监事选举和集体协商代表选举上存在显著差异。

考察企业营造的管理氛围和工作环境，员工和上级管理层的沟通是否顺畅，sig 值 =0 <0.001；员工与同事间的沟通是否顺畅，方差分析的 sig 值 =0 <0.001。员工参与程度在员工与上级主管和同事沟通是否顺畅的环境中存在显著差异，这一点也得到了其他研究者的验证，如 Glew（1995）的研究就发现，组织环境中的主管因素和同事因素会对员工参与产生正向影响。考察上级管理层对下属参与管理决策的态度，方差分析的 sig 值 =0 <0.001；上级管理层领导风格方差分析的 sig 值 =0 <0.001。也就是说，员工参与程度在不同的上级管理层支持态度和领导风格上差异显著，组织

行为学中不少有关领导态度和风格的研究也验证了这一结果，如时勘等（2012）的研究就发现，领导授权行为有利于营造信任和谐的组织氛围，并直接或间接地影响员工参与管理的积极性。

最后，我们考察了企业的重要事项公开情况，将企业厂务公开的内容作了区分：是否公开过企业重大经营管理决策，T 检验的 sig 值 $=0<0.001$；是否公开过企业生产经营管理方面的重要问题，T 检验的 sig 值 $=0.013<0.05$；是否公开过涉及员工切身利益方面的问题，T 检验的 sig 值 $=0<0.001$；是否公开过与企业领导班子建设和党风廉政建设密切相关的问题，T 检验的 sig 值 $=0.078<0.1$。由此可见，员工参与程度在企业对上述四项事项的公开情况上存在显著差异，无论是何种层次的事项，企业的信息公开都可能会对员工参与程度产生影响。

（六）小结

我们从人口学特征、个体职业特征、员工所在企业特征、员工劳动关系状况以及所在企业民主氛围建设情况五个方面，考察了这些因素与员工参与程度差异的关系。

数据结果显示，被调查员工人口学变量与参与程度的关系中，员工参与程度在性别、户籍、受教育程度和社会层级上存在显著性差异，而在年龄、政治面貌和婚姻状况上并无显著差异。被调查员工的职业特征与参与程度的关系中，员工参与程度在员工职业特征中的员工类别、管理级别、企业内相对级别、工作独立性和工作重要性上存在显著差异。被调查员工所在企业的特征与员工参与程度的关系中，员工参与程度在企业所有制和企业规模上存在显著差异。被调查员工的劳动关系状况与参与程度的关系中，员工参与程度在劳动合同类型、员工是否知晓工会主席、是否参加过工会主席的选举、是否参加过工会主持的集体协商、文体娱乐活动、劳动竞赛、会员或员工大会、合理化建议、困难员工捐助、员工培训活动上存在显著差异。

通过进一步分析，我们从参与活动中的另一个主体——企业的角度，考察企业内民主参与制度建设情况、职工民主选举情况、工作环境、企业公开事项的内容四个方面，界定企业民主氛围建设情况，并考察员工参与与这四个方面的关系，调查结果显示，员工参与程度在企业是否建立厂务公开制度、职工董事与职工监事、集体协商与集体合同制度、合理化建议制度和员工意见调查制度上存在显著差异；员工参与程度在员工是否参加过职工董事监事的选举和集体协商员工代表的选举上存在显著差异；员工参与程度在员工与上级和同事间沟通的顺畅程度、上级管理层对下属参与管理决策的态度以及上级管理层的领导风格上存在显著差异；员工参与程度在企业是否公开重大经营管理决策、生产经营管理方面的重要问题、涉及员工切身利益方面的问题，以及与企业领导班子建设和党风廉政建设密切相关的问题上存在显著差异。由此可见，员工在企业中的参与程度确实存在一定的分层和分化，这种分化与劳动者的个人背景、职业性质、岗位层级、在企业各项活动中的主流与核心程度密切相关，其中员工的社会层级和企业等级是我们的研究关注的重点，下文将进一步探索这两个核心要素与员工参与程度之间的关系。

四、阶层、等级与员工参与程度关系的探索性检验

（一）命题和变量测量

1. 待验命题

前文从人口学特征、职业特征、员工个人的劳动关系状况、企业特点等角度考察了员工差异与参与程度差异的关联，我们初步发现，企业内部员工在参与程度上存在一定的分化现象。也就是说，部分员工处于参与的核心，有较高的参与程度；而部分员工则游离于参与活动之外，呈现出边

缘化的特征。同时，本研究认为，反映员工强弱差异的核心要素来自社会内部的分层和企业内部的分级，已有的有关社会层级和企业内等级差异的相关文献也在一定程度上预测了社会层级与企业等级对于员工参与程度的影响。如 Khalid Othman（2005）的研究表明，随着员工在组织中等级层次的提升，参与度也随之提升。黄坚学（2006）指出，不同职位的员工在信息分享、认同和公平报酬上存在显著差异，这种差异反映在参与意愿上，基层管理人员的参与意愿明显弱于中高层管理者。杨帆等（2008）对管理人员和一般员工的参与意愿进行研究比较时发现，参与管理的重要性对管理人员来说比对一般员工更重要，因此其参与意愿也更强烈。谢玉华和黄菲（2009）的实证研究也表明，随着层级的升高，员工参与管理的意识、机会、程度和对员工参与管理的评价也随之提高。因此，根据现有文献并结合本文研究的假设，研究最终形成了五组待验命题。

如图 5 – 1 所示，员工的参与程度受社会层级和企业内相对等级的影响。社会层级即员工对自己在社会中所处位置的感知，我们认为，其既包括员工对目前所处社会层级的判断，也包括员工对五年后自身所在社会层级的预估。而企业内的相对等级内涵则更为丰富，既包括员工的岗位类别，如员工所处的岗位属于技术岗位还是行政岗位或管理岗位，也包括员工管理层级和技术职称上的高下，同时还包括员工对自身身份是管理层还是被管理层的认知。基于此，我们作出如下假设：

H1：员工的社会层级越高，参与程度就越高；

H2：员工在企业内的相对等级越高，参与程度就越高。

我们认为，员工在参与程度上的巨大分化导致一些员工始终游离于参与活动之外，这一状况并不是企业参与管理的目的，也不应该是员工参与制度建立的初衷，作为员工参与行为的另外两个重要的关联主体——企业和工会，他们对于员工参与制度建设、氛围营造的努力，可能在一定程度

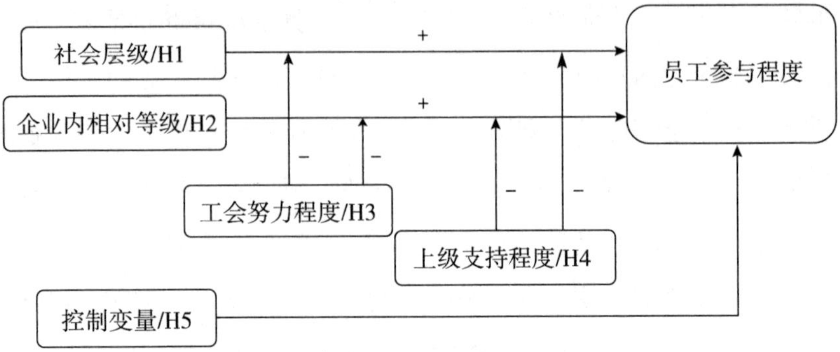

图 5-1　解释员工参与程度的待验命题

上缓解部分员工参与的边缘化状况，这一问题在前文的工会—管理层关系对员工参与运行的影响问题中业已述及。企业工会作为员工整体利益的代表者和维护者，有维护全体员工公平参与权的职能，工会建立员工参与制度和组织员工参与活动的行为也会对员工参与程度产生影响，这种努力程度会减少或降低员工由于自身社会层级或企业等级所限而产生的参与分化现象。另外，作为企业内部的一种员工行为，员工上级对参与活动的支持和认可程度必然会影响员工的参与程度，如果员工上级能够对员工的参与行为给予积极的支持和鼓励，也能够在一定程度上消解员工自身等级高低所带来的参与程度的差异。也就是说，在员工参与发展中的工会努力程度和上级支持程度会对 H1 和 H2 产生调节作用。因此，我们作出如下假设：

H3a：工会努力程度对不同社会层级员工的参与程度有负向调节作用；

H3b：工会努力程度对企业内不同层级员工的参与程度有负向调节作用；

H4a：上级支持程度对不同社会层级员工的参与程度有负向调节作用；

H4b：上级支持程度对企业内不同层级员工的参与程度有负向调节作用。

最后，如前文所述，一些控制变量也会影响员工的参与程度，因此我们提出下列假设：

H5a：员工的受教育水平越高，参与程度越高；

H5b：员工的工作重要性越高，参与程度越高；

H5c：员工的工作时间越久，参与程度越高；

H5d：不同单位性质的员工的参与程度不同；

H5e：企业的规模越大，员工的参与程度越低；

H5f：企业的管理层级越多，员工的参与程度越低。

2. **因变量的测量**

关于员工的参与程度本研究采用了 Saleh 和 James（1976）的量表（见表5－13）来进行测度，并用李克特 5 分量表来进行计量，对员工在 16 道题目上的打分求均值，获得员工参与程度的得分，分值越高，表示员工感知到的自己的参与水平越高。

表 5－13　员工参与程度测量表

序号	类型	得分
1	工作中我有机会学以致用	1——2——3——4——5
2	我有机会按自己的方式工作	1——2——3——4——5
3	我有机会尝试自己的想法	1——2——3——4——5
4	我有机会做最在行的工作	1——2——3——4——5
5	我有机会做有趣的工作	1——2——3——4——5
6	每天下班时，我觉得当天做了有意义的工作	1——2——3——4——5
7	我有机会学新知识	1——2——3——4——5
8	对于自己的工作进度，我有足够的发言权	1——2——3——4——5
9	我有机会来独立处理事务	1——2——3——4——5
10	我的直接上级在处理与我工作有关的问题时询问我的意见	1——2——3——4——5

续表

序号	类型	得分
11	我觉得工作有压迫感	1——2——3——4——5
12	如果我对组织有建议，可以很容易将这些想法传递给上级	1——2——3——4——5
13	我有机会对我的工作作重要决策	1——2——3——4——5
14	如果工作与我相关，自己的意见可以影响上级的决定	1——2——3——4——5
15	工作进度由上级决定，我没有提建议的机会	1——2——3——4——5
16	我在为公司的成功作着重要贡献	1——2——3——4——5

3. **自变量的测量**

第一，员工的社会层级，采用从1到10的级别，由员工根据对自身在社会中所处位置的判断进行填答，数值越大，级别越高。问卷中询问了员工对自己过去5年、现阶段以及未来5年所处社会层级的判断，被调查员工5年前的社会层级均值为3.9，目前，社会层级均值为4.81，5年后社会层级均值为6.17，由此可见，被调查对象对自身社会层级的评价处于中等位置，但对社会层级提高的信心是充足的。根据社会层级的内涵与本研究的侧重点，我们将员工的现阶段判断和对未来的预期数值进行了平均，作为社会阶层这一自变量的取值。

第二，企业内层级，采用从1到10的级别，由员工根据对自身岗位级别、职称及技术等级状况、管理层级等主观判断进行综合后填答，数值越大，表示员工在企业内的层级越高，被调查员工企业内层级的平均得分为4.7，说明被调查员工基本处于企业内的中等层级。

第三，工会努力程度由工会所组织的促进员工参与的相关活动数量来代表，这一变量包括两层内涵：一方面代表工会组织员工参与活动的努力程度，即参与职能的发挥情况；另一方面也代表了员工对工会所开展活动的参与热情。问卷中我们设计了8项企业实践中工会惯常开展的活动，根据工会开展活动的数量，每开展一项活动赋值为1，变量原始取值为0到8

之间，考虑到没有开展任何一项活动的企业工会也代表了工会努力的一种最低的程度，因此，我们将未开展活动的样本也纳进来，调整后的变量取值为 1 到 9，样本均值为 3. 38。

第四，上级支持程度，我们使用了员工关于直接上级对自身参与管理和决策行为的支持态度评价，采用李克特 5 分量表来衡量，变量取值为 1 到 5，被调查员工对上级支持评价的均值为 3. 48。

4. **控制变量的测量**

依据文献提供的资料，我们选择了员工受教育程度、工作性质、工作时间、企业性质、企业规模以及企业管理层级六个指标，其中员工受教育程度指员工获得的最高学历；工作性质指员工判断的自身工作对企业发展的重要程度；工作时间即司龄，指从员工开始在本企业工作到受访日的时间；企业性质指员工所在企业的所有制性质，包括国有企业、集体企业、民营企业、外资企业及其他；企业规模，此处用企业的员工人数来代表，员工人数越多，代表企业规模越大；企业管理层级，指管理层级倾向于扁平化还是科层化。

（二）回归结果与讨论

为了探索员工社会层级、企业内相对等级和工会努力程度、上级支持对员工参与程度的影响，本研究建立了四个多元线性回归模型进行参数估计。

1. **多重共线性检验**

检验结果显示，模型中的变量之间不存在严重的多重共线性现象。本研究通过观察方差膨胀因子 VIF 的大小来检验多重共线性的程度。Xi 对应的 VIF 值越大，它的共线性越大。由表 5 - 14 可知，在模型 1 和模型 2 中，任何一个方差膨胀因子的取值都不超过 2，由此判断，变量和变量间没有严重的多重共线现象。

表 5 – 14　数据的多重共线性检验（VIF 值）

变量类型	变量名称	模型 1	模型 2
自变量	社会层级 X1	1.355	1.450
	企业内相对等级 X2	1.363	1.455
	工会努力程度 Z1	1.072	1.131
	上级态度 Z2	1.106	1.150
控制变量	司龄 C1		1.146
	工作重要性 C2		1.220
	企业员工人数 C3		1.248
	企业管理层级 C4		1.247
	受教育程度 C5		1.211
	集体企业 C6		1.154
	民营企业 C6		1.071
	外资企业 C6		1.075

2. 参数估计

我们建立了四个模型，回归得到如表 5 – 15、表 5 – 16 所示的结果。模型 1 仅衡量核心变量对员工参与的影响程度，模型 2 在模型 1 的基础上加入了控制变量，模型 3 进一步检验了工会努力程度的交互效应，模型 4 检验了上级支持的交互效应。

表 5 – 15　模型 1 和模型 2 的参数估计

变量类型	变量名称	模型 1	模型 2
自变量	社会层级 X1	0.07 ** (0.025)	.053 * (0.025)
	企业内相对等级 X2	0.04 * (0.186)	.041 * (0.020)
	工会努力程度 Z1	0.06 ** (0.020)	.066 *** (0.019)
	上级态度 Z2	0.404 *** (0.045)	.373 *** (0.046)
控制变量	司龄 C1		−3.375E−5 (0.000)
	工作重要性 C2		.122 * (0.048)
	企业员工人数 C3		−.044 * (0.018)
	企业管理层级 C4		−.036 (0.040)
	受教育程度 C5		−.029 (0.048)

续表

变量类型	变量名称	模型 1	模型 2
控制变量	集体企业 C6		-.031 (0.189)
	民营企业 C6		.245 * (0.108)
	外资企业 C6		.324 * (0.130)
常数项		1.052 * * * (0.186)	1.224 (0.320)
Adj - R 2		0.327 (0.64403)	0.374 (0.62150)

注：N = 537，+P<0.1；*P<0.05；* *P<0.01；* * *P<0.001，Coefficient (Std. Error)。

表 5-16　模型 3 和模型 4 的参数估计

变量类型	变量名称	模型 3	模型 4
自变量	社会层级 X1	.078 * (0.03)	.069 * * (.020)
	企业内相对等级 X2	.010 (.024)	.055 * * (.016)
	工会努力程度 Z1	.105 * * * (.024)	
	上级态度 Z2		.331 * * * (.037)
交互项	社会层级×工会努力（X1Z1）	-.010 (.015)	
	企业等级×工会努力（X2Z1）	.001 (.012)	
	社会层级×上级态度（X1Z2）		-.033 (.022)
	企业等级×上级态度（X2Z2）		.032 + (.018)
控制变量	司龄 C1	-9.749E-5 (.000)	6.941E-5 + (.000)
	工作重要性 C2	.185 * * (.056)	.169 * * * (.037)
	企业员工人数 C3	-.051 * (.021)	-.034 * (.014)
	企业管理层级 C4	-.029 (.047)	.014 (.032)
	受教育程度 C5	-.034 (.056)	.048 (.034)
	集体企业 C6	-.012 (.225)	.047 (.160)
	民营企业 C6	.263 * (.128)	.114 (.069)
	外资企业 C6	.439 * * (.157)	.258 * (.100)
常数项		2.154 * * (.353)	.742 * * (.230)
Adj - R2		.207 (.73606)	.326 (.64779)

注：N = 537，+P<0.1；*P<0.05；* *P<0.01；* * *P<0.001，Coefficient (Std. Error)。

从模型的有效性看，模型 1 和模型 2 都有较高的拟合优度。与模型 1 相比，在增加了控制变量之后，模型 2 的 Adjusted R2 从 0.327 提高到了0.374。

模型1和模型2的回归结果显示，员工所处的社会层级和企业内相对等级都对员工的参与程度有着正向显著的影响，H1和H2得到验证。如前文所述，在企业行为不变的情况下，员工自身的参与意愿和参与能力是影响员工参与行为和程度的重要因素，员工对自身社会层级的乐观判断可能来自教育、收入、职业声望等方面的优势，相应就可能会拥有更高的社会自信，这种自信传导至企业内部，一方面可能使员工拥有更强的参与和表达的意愿；另一方面这类员工本身可能就具有更高的表达和参与决策的能力。同时，企业内层级与参与程度的关系得到了更多研究者的验证和支持，谢玉华、黄菲（2009）将员工在组织内等级层次的提高与员工的参与意识、机会相联系，认为这会进一步带来参与程度以及参与评价的提高。

模型1和模型2的回归结果同时还显示，工会努力程度和上级支持程度也会对员工的参与产生显著影响。一方面，工会具有的参与职能决定了工会通过各项活动要达成的目标之一就是提升员工的参与程度；另一方面，工会特殊的角色也可以使其冲破基层和中层管理的信息流屏障，平滑、改善员工和管理方的沟通（王庆娟等，2012）。有关企业氛围和上级态度对员工参与程度影响的研究产生了更多的丰富结论，研究者发现，低科层性的、创新性的和支持性的组织气氛会显著地提高员工参与水平（张震等，2002）；领导的授权行为有利于营造信任和谐的组织氛围，也会直接或间接地影响员工参与管理的积极性（时勘等，2012）。而随着组织环境日益动荡，竞争加剧，以及不可预测的技术革新，越来越多的管理者也逐渐认识到，他们应该在正式的沟通机制之外，鼓励员工自愿地为决策过程贡献观点和信息，于是，他们会通过为下属提供更多的关心、影响、支持，信息和其他资源来促进下属参与（向常春、龙立荣，2013）。

在模型2的控制变量中，工作重要性对员工的参与程度有着显著的正向影响，H5b得到验证；企业员工人数对员工的参与程度有着显著的负影响，H5e 也得到验证；与国有企业相比，民营企业、外资企业员工的参与程度都有显著差异，H5d 得到验证。在中国企业语境下，有关企业所有制性质对员工参与影响的研究多数都发现了员工参与在企业所有制之间的显著差异（张震等，2002）。不同性质的企业，其管理模式和运作方法上也存在显著差别，员工参与的形式和程度也就不尽相同了（谢玉华等，2010）。同时，模型 2 还显示，在本研究调查的样本中，司龄（H5c）、企业管理层级（H5f）、受教育程度（H5a）对员工参与程度的影响不显著。

从模型的有效性看，模型 4 的有效性（拟合度为 0.326）高于模型 3 的有效性（拟合度为 0.207）。

观察模型 3 的交互效应，此时 X 对 Y 作用的斜率是 Z 的线性函数。

$\beta_{(x1)} = \beta_{31} - 0.010 * Z1$，其中 Z1 的系数不显著

$\beta_{(x2)} = \beta_{32} + 0.001 * Z2$，其中 Z2 的系数不显著

工会努力程度与社会层级、工会努力程度、企业内相对等级的交互作用都不显著，假设 H3a、H3b 都没有得到验证。

观察模型 4 的交互作用：

$\beta_{(x1)} = \beta_{41} - 0.033 * Z1$，其中 Z1 的系数不显著

$\beta_{(x2)} = \beta_{42} + (0.032) * Z2$，其中 Z2 的系数显著

我们发现，上级支持和企业内相对等级有着显著的交互作用，随着上级支持的增多，员工在企业内的相对等级对其参与程度的影响越来越显著。因此，假设 H4b 未通过验证，应为，上级支持程度对企业内不同层级员工的参与程度有正向调节作用。即上级支持每增加一个单位，员工在企业内的相对层级对员工参与度的斜率就增加 0.032 个单位。

为了方便理解，我们分别计算了 Z2 在低于均值一个标准差水平上（即低水平）和在高于均值水平上（即高水平）进行 OLS 估计时，自变量

对因变量的回归系数：当上级支持处于低水平时，社会层级对员工参与度的作用较小（系数为0.143）、影响不显著；当上级支持处于高水平时，社会层级对员工参与度的作用系数为0.061，影响显著；当上级支持处于低水平时，企业内相对等级对员工参与的作用较大（系数为0.288），影响不显著；当上级支持处于高水平时，社会层级对员工参与度的作用较小（系数为0.068），影响显著，见表5－17。

表5－17 模型4的变化形式

变量名称	Z2处于低水平	Z2处于高水平
社会层级X1	0.143（0.268）	0.061＊＊（0.022）
企业内相对等级X2	0.288（0.238）	0.068＊＊＊（0.017）

注：表中的数值是变量对应的系数，括号中的数值是Std. Error。

五、结果讨论

讨论一：员工所处的社会层级和企业内相对等级是影响员工参与程度的重要因素，企业内的员工参与程度存在“马太效应”。

企业外社会阶层和企业内员工等级是本研究重点探讨的影响员工参与程度的因素，我们发现，社会阶层的分化会向工作场所延伸，职业等级的差异也会进一步形塑员工在企业内的行为，企业内的员工参与程度存在“强者越强、弱者恒弱”的“马太效应”。

基层民主参与的意义在于它的全员性，即所有社会成员在其工作场所都能借助一定的制度化方式表达对组织、对管理的意见，包括各种不满。

但实际上，溯源企业员工参与的理论基础就可以发现，除了以卡罗尔·佩特曼为代表的参与式民主理论之外，以熊彼特为代表的精英民主理论也一直占据着重要的理论地位，精英理论与阶级理论都关注社会不平等问题，都勾画出不平等的社会结构。不过，精英民主理论主要关注精英与大众之间的权力关系，其信条是社会分为有权的少数与无权的大多数，前者为统治者而后者为被统治者，精英垄断着权力，而大众即非精英除接受前者的安排外别无选择。精英理论认为，精英掌权是一种普遍的现象，民主社会也不例外。

我们的调研发现，员工参与所代表的基层民主管理中确实存在类似的现象，无论是以代表参与为主的企业还是以倡导直接参与为主的企业，参与代表的人选和直接参与其中的积极分子，都无一例外地呈现出了“精英”的特征。对于那些虽然有工作岗位，但社会地位和经济条件与弱势群体相近的职工来讲，低收入和较高的可替代性使得失业的命运随时可能会降临到他们身上，形势迫使他们除了好好干活外，在语言和行为等方面不能有任何违背管理者意愿的地方，参与对他们来说也是不敢随便消费的奢侈品，这是民主参与的悲剧，是民主的物质条件不充分的可能结局。而拥有更多社会资本的社会阶层中的“获益者”和企业等级中的“先进者”在企业决策中获得了更多的发言机会，这种发言机会一方面来自员工自身的“争取”和普通员工的“信任”；另一方面也来自企业的“授意”和“寻找”。我们对参与代表和企业人力资源管理者的访谈都证实了这一点。

我们（人力资源部）会尽量保证代表的普遍性，部门、岗位、性别，甚至家庭背景。我们是日资企业，有一次，我们特意选择了一位军属作为员工参与的代表，显示企业没有任何的偏见和歧视。但是你无论怎么选择吧，还是要找那些能收集员工意见，能表达的员工来参加。（访谈编号 HR0301）

我是我们部门推选的，大家可能觉得我工作时间长了，老人了，比较敢说话吧（笑）。（访谈编号 YG0201）

有职务这一点我觉得不影响我的公正性……我反而能够争取更大的关注，大家也觉得我说的话能起到作用……大家都是从普通员工过来的，我认为我是能理解普通员工的诉求的。（访谈编号 YG0704）

你说这个参与，我不太懂（笑），我们也没有去投票（意见箱）。没有意见（笑），好好工作是最重要的。我不是本地人，跟他们（本地员工）不一样。（访谈编号 YG1104）

讨论二：上级支持程度对员工参与程度有直接影响，同时还对企业内相对等级关于员工参与度的影响发挥了交互作用。

在验证了社会阶层和企业等级对员工参与程度的影响之后，我们进一步探讨这一问题，工会参与职能的实现和企业对参与氛围的营造与支持有没有可能扩大员工参与的范围，增进全员的参与程度，缩小员工参与的分化程度。数据分析结果显示，工会的努力并未起到这一假设的作用，而企业支持对企业内相对等级关于员工参与度的影响发挥了交互作用，这意味着企业支持加深了讨论一中的“马太效应”。

不可否认，员工参与权利要转化为实际的“影响力”，企业的接受程度是一个重要的制约因素，企业对于参与效果的判断和认可是促进员工参与发展的重要保障。因此，企业对于参与的支持必然是有条件的、有选择的，对于参与管理所带来的管理成本的增加和管理效率的拖累，需要有更显著的企业绩效来予以弥补。这一点得到了诸多研究结论的支持：企业支持员工参与的目的可能是希望通过为员工提供发言权来促使员工投入更多情感和人力资本，Strauss（2006）观察到，员工发言权是“为企业的核心问题提供一个双赢的解决方法，这个问题是如何满足员工的需求，同时达到企业的目标”。企业通过创造半自治的工作团队（即通常被称为团队合作或自我管理团队的方式），让员工在制定分配决策方面、制定时间表方面、保障健康和安全方面、确定生产的量和速度方面，甚至是设定改进目标等方面拥有发言权（Wall & Martin，1987）。这样的团队工作模式通过增加员工发言权，使团队有较大的自我管理能力和自治权，这样的团队有助于提高效率，防止员工间疏远（Proctor & Mueller，2000）。同时，通知和允许员工参与工作和商业决策有助于得到更好的决策、更多的理解和承诺（Boxall & Purcell，2003）。

因此，尽管讨论二反映的结果是一种不符合我们预期的“不美好”的结论，但它真实反映了目前我国企业员工参与中存在“被动边缘化”的现实，相对弱势员工在参与中的边缘化一方面可能来自自身的能力不足、意愿疲弱；另一方面也来自企业在参与活动开展中对于“精英员工”的有意识或无意识的选择偏好。

> 这个制度（恳谈会）挺好的，大家有什么意见都可以说出来……但其实我们挺开放的，都能说，不一定非得参加……我不清楚怎么参加，也不是很清楚单位是怎么选的……我在这个单位工作7年了，没有让我去过……那肯定得选我们车间技术能手吧，要不就车间领导吧，我们车间有个国家级的能手，他去过。（访谈对象YG0308）

讨论三：工会努力程度对员工参与感的提升有显著影响，但与社会层级和企业内相对等级的交互作用都不显著。

工会开展活动的积极程度以及员工对这些活动的参与程度影响了员工在组织中的参与感，这种影响是正面的、积极的。有关“工会参与”的研究在很大程度上验证了这一结论，学者们通常将工会参与定义为“会员在工会运行和工会活动上的行为卷入（behavioral involvement）”（Kelly，1994）。而在操作化中，各式各样的行为都可能被视为工会参与，诸如提起申诉（filing grievances）、在工会中任职、参加工会会议、阅读工会新闻、向他人介绍工会等（Kelloway，Barling，1993；Parks et al.，1995）。我们的研究将在调研中获知的工会主要开展的活动进行了归纳和总结，根据员工参与过的工会开展活动的频次，得出工会的努力程度以及员工的工会参与程度。研究发现，积极的工会努力和会员参与帮助员工提升了参与感知。实际上，也有研究发现，个体积极的工会参与还会影响员工缺勤、离职、工作满意度等与企业利益密切相关的行为态度（Derry et al.，2014；Iverson，Currivan，2003；Kelloway，Barling，1993）。

但是，本文的研究并未局限于此，而是进一步探索工会努力程度是否有可能导致员工参与的分化和弱势员工的参与边缘化，比较遗憾的是，本研究得到的结果显示，工会并未对社会层级和企业内相对等级关于员工参与程度的影响产生太多作用，显然没有明显的削减，但也并未进一步促进或扩大。这与企业支持的结果存在一定的差异，作为完全的市场主体，追求利益最大化是企业的核心目标，因此，企业在引导参与行为上的出发点也是明确的——借由员工参与实现企业绩效的提升，而工会活动尽管没有弥合强弱势员工之间的参与差异，但也没有扩大这种差异，这与工会在参与中的工作方式和目的是吻合的。

> 我们（工会）的主要工作，一个是监督和督促企业去落实有些员工提出的意见建议，另一个也是尽可能要让更多没机会（参加恳谈会）的员工提意见。（访谈对象 GH0501）
>
> 公司层面的叫劳资恳谈会，工会组织的叫职场恳谈会，企业选的代表我们肯定是认可的，我们也要知道是谁；但是另一方面，我们也要通过自己的渠道去了解员工的声音，各走各线。（访谈对象 GH0402）

讨论四：员工工作的重要性等控制变量对员工参与程度也产生了影响。

员工工作的重要性、企业规模、企业性质也会显著影响员工的参与程度，员工工作在企业中的重要程度越高，员工的参与程度越高；企业规模越小，员工的参与程度越高；与国企的员工相比，民营企业、外资企业员工的参与程度更高，而集体企业的员工参与程度较低。

员工工作的重要性影响了其参与的程度，这一结论实际上延续了前文的分析，工作性质对企业影响更大、更重要岗位上的员工收获了更多的参与机会和认可，因此获得了更高的参与感；而企业规模与参与程度的负相关可能是来自小规模企业较低的沟通成本和相对更扁平的组织结构，员工的诉求和声音能够比较快速地向上反映和得以反馈。

不同企业员工参与程度的差异与已有的一些研究结论略有差异，谢玉华（2009）对不同企业员工参与情况的调查结果显示，相比非国有企业来说，国有企业民主管理制度较健全，功能较强，有较多的历史积淀和社会认同；外资企业员工参与制度较完善，承担沟通上下、协调团队的管理功能；民营企业尤其中小型民营企业的企业民主管理和员工参与的组织建设及功能发挥都相对落后。但本研究发现，相对于完善的制度建设，国有企业在员工参与程度和参与感上的劣势是显著的，但外资企业和民营企业在这一点上存在优势，这可能来自样本选取的差异，也有可能是研究时间变化带来的结果。

据此，验证后的员工参与解释框架如图 5 - 2 所示。

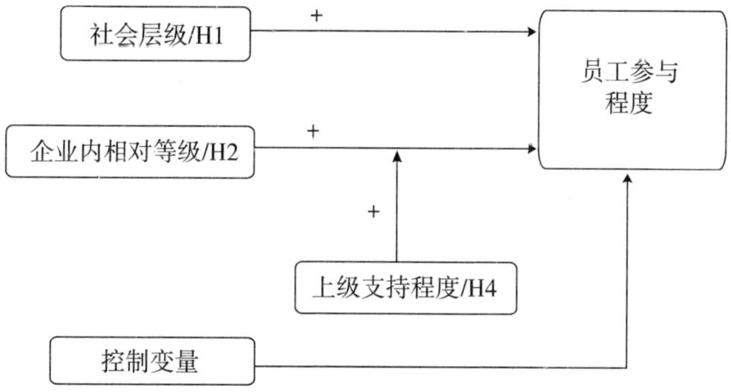

图 5 - 2　验证后的员工参与程度解释框架

根据上述直接因果关系和调节效应的模型检验，我们修正了原有的逻辑关系，得出如图 5 - 2 所示的验证后的解释框架。实证结果表明，员工所处的社会层级和企业内相对等级对员工参与程度有正向的显著影响；上级支持程度对员工参与程度有直接影响，同时还对企业内相对等级关于员工参与的影响发挥了交互作用；工会努力程度对员工参与感的提升有显著的影响，但与社会层级和企业内相对等级的交互作用都不显著；员工工作的重要性、企业规模和企业所有制性质等控制变量对员工参与程度也产生了影响。

第六章

中国企业员工参与的发展前景

——公平的发言权能否实现

从历史发展来看，中国企业员工参与的发展一直受到制度环境变迁的深刻影响，即便是身处微观企业中的员工个体，其参与的程度、水平、公平程度也一样脱离不了制度环境的塑造。

就政府作用而言，行政体制和党群系统在政策制定和制度设计等方面的作为都会对企业中的员工参与产生重要影响。以往在单位制的治理模式下，企业的经营和管理都依照行政体制一统到底，重要的人事安排和调动也都由上级政府主管部门来调配。不过，随着经济体制改革的深化，政企分离逐步得到推行，企业开始逐步成为独立的经济主体，拥有了管理和经营的自主权。所有这些因素，都从上而下影响了政府、企业和员工之间的关系。

对于作为独立经营部门的企业来说，其始终处于政府和市场两种力量的交互作用之中。在单位制的处境下，绝大多数企业都为国家所有，完全受制于国家行政的指令计划；其后随着改革开放政策的推行，开始出现不同所有制的企业，不仅外商合资和独资企业纷纷出现，民营企业也开始崭露头角，还有大量所有制很不清晰的乡镇集体企业也持续地保持着优势，它们共同构成了国家经济的重要组成部分。20 世纪 90 年代后，随着企业改制的展开，中国企业的市场化程度不断加深，并着力按照现代企业制度加以改造。由此，不同的企业在产权模式、内部管理机制、外部制度安排等方面开始出现极其复杂的局面，加之政府管理模式的调整，企业与上级主管或协调部门之间形成了错综复杂的关系。与此同时，不同企业之间形成的市场环境、企业的外部管理制度环境以及国际市场环境等也变得更加复杂。在所有这些因素中，只要有一种因素发生变化，就会直接影响劳资政关系的结构和平衡。

上述所有改革和变化最终都必然具体地反映在企业员工身上。计划经济体制下，企业员工作为国家职工，具有明确的身份认同。随着市场化程度的加深和合同制员工的出现，大量社会劳动力都成为就业市场的交易对象。在相当长的时间里，大量企业职工因失去了原有的身份认同而陷入价值失范状态，没有自己的群体归属感，在相当大程度上被还原成劳动力市场的原子，缺乏维系团结的社会纽带。与此同时，原有的员工队伍开始急剧分化，员工类型也呈多元化趋势，利益分布不均衡的社会层级关系开始形成。伴随着社会结构的整体市场化转型，由上述分化形成的劳资问题凸显出来，彻底改变了员工作为国家永久职工的依附心理，改变了员工依据原有意识形态形成的主体意识及其价值标准。因此，在过去的几十年间，我们看到了中国企业员工参与的逐步衰退，员工的参与意愿疲弱、参与能力欠佳、对参与作用的认可程度也处于低谷，尽管在实践中也能够观察到一些成功的员工参与例子，但确实非常稀缺。前文的理论解释和实证检验也在很大程度上验证了企业员工参与整体状况在微观企业中的表现：员工整体参与程度不高，同时还伴有参与程度的分化现象。那么未来中国企业员工参与的走向和趋势如何？员工参与能否突破目前发展的“瓶颈”，能否受到员工和企业的认可和接纳？员工能否获得公平的参与权，避免弱势员工被排斥在参与活动或参与项目之外呢？这是本章希望通过建立环境变化与员工参与变化之间的逻辑关系来回答的问题。

一、劳动力市场的用工短缺现象促使企业关注员工诉求

学界虽然还在为“刘易斯拐点”是否到来进行争论，但企业在招工方面早已感受到越来越大的压力。“用工荒”现象在2004年的珠三角地区和长三角地区以及生产制造行业就已经出现，当时呈现明显的季节性特征，

集中于节前节后的用工短缺，性别结构上以女工的短缺为主（薛华，2012；陈秉谱、赵英霞，2010）。而在2008年金融危机后，这个现象则扩展到了全国层面，连传统劳工输出大省河南、安徽等地也出现了数以十万计的用工缺口（李贵成，2014）。根据中国人力资源市场信息监测中心的数据显示，在2001年，劳动力市场中的求人倍率总体呈现稳步上升态势（见图6－1）。[①] 求人倍率2004年曾上升到0.9以上，除2008年和2009年受金融危机影响，求人倍率数据短暂回调以外，其保持着持续上升的态势。2010年求人倍率首次超过了1，即供给小于需求，2014年更是达到历史最高点1.12。

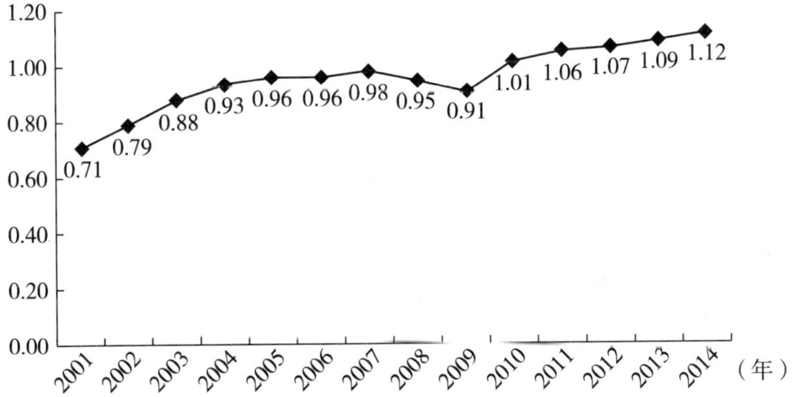

图6－1　劳动力市场求人倍率变化情况（2001～2014）

资料来源：中国人力资源市场信息监测中心．全国职业供求分析报告（2001～2014）

劳动力市场供求关系的逆转给企业雇主带来了巨大的挑战，企业不仅在招聘员工上感到压力，在保留员工方面也感受到了日益增大的困难。在一定程度上，得益于劳动力市场供求关系的变化，员工求职的压力有了一

① “求人倍率”是从市场供给（求职者）的角度出发，反映人力资源市场总体的供求关系和供求差异，表明了市场上平均一个求职者面对着多少个岗位需求机会。如果求人倍率数字小于1，说明劳动力存在一定的过剩；如果求人倍率数字大于1，说明劳动力供不应求。求人倍率是同期的需求除以供给的结果（需求/供给），其计算公式为：求人倍率＝$\sum$招聘人数/$\sum$求职人数。

定程度的缓解，而企业的员工流动率则呈现不断攀升的趋势（见图6-2）。

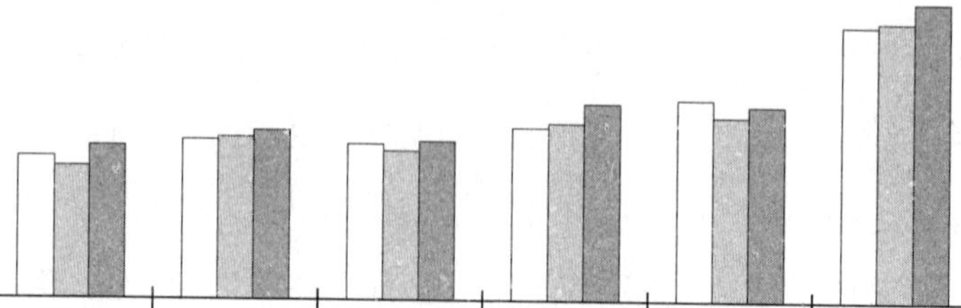

	高层	中层	主管	专业技术	一般职员	操作人员
□2012年	12.2%	13.7%	13.3%	14.8%	17.1%	23.3%
▨2013年	11.2%	13.9%	12.7%	15.1%	15.7%	23.7%
■2014年	12.7%	14.3%	13.4%	16.7%	16.4%	25.1%

图6-2　中国企业员工流动率情况（2012~2014）

资料来源：前程无忧.2014人力资源白皮书，http：//research.51job.com/free-355.html

劳动力市场供求关系的逐步变化会促使企业主动关注员工诉求，一方面吸引员工入职，另一方面也在保留员工上作出更多尝试，包括劳动条件的改善、工资福利的调整，当然还包括管理上的应对和调整。其中，利用员工参与在员工态度改善上的优势，给予员工更大的自主权和发言权的管理方式被企业逐步接受和选择。这一点在我们的调研中已经逐步显现，不少企业的人力资源管理者在向我们谈及不断拓宽员工参与渠道的初衷时，表现出了明显的“留人”意味。

作为餐饮业企业，我们的流动率其实不算高，去年大概13%，但是这个问题一直是我们比较关注的，员工来了又走，走了又来，很常见。你怎么留住他，怎么让他愿意介绍老乡过来，过去那种加工资、发奖金的做法其实已经有点失效了。你得考虑员工要干得开心，怎么开心呢？你不能让他有委屈不能说出来，这样肯定不行。（访谈对象HR1001）

我们之所以设计这么多渠道，实事求是地说，肯定还是从管理出发的，我们发现了恳谈会的好处，员工满意度有提高……原来我们是自己做员工满意度调查，后来交给外面一个公司做了，这个满意度是有提高的，我想，这些沟通方式还是功不可没的。（访谈对象HR0901）

二、工人群体的意识与观念变化推动专制型企业管理方式的变革

随着“80后”和“90后”农民工逐渐成为中国工人主体，这些成长于较好的物质环境中、具有更多文化知识和法律意识、需要更多尊重和自主空间的工人也对企业雇主日常管理提出了挑战。他们年轻化、个性化，具有较高的文化素质和法律知识，追求更多物质刺激之外的精神满足，工作对他们的意义也不同于父辈，传统的严苛纪律管理，强调命令与服从的高集权化管理风格越来越不被员工接受。由于家长制的文化传统以及大规模生产制造业所需要的劳动纪律，中国企业普遍推崇权威式领导，即依赖高度集权和超凡的个人能力进行管理和领导，强调命令和服从，突出自上而下的绝对权威（闻效仪，2013）。在过去的20余年中，权威式领导成为中国企业界的主流管理模式，半军事化管理、“狼文化”“斯巴达克方阵”等都是企业家们热衷的管理模式和企业文化。权威式领导最主要的特征就是“照我说的做”，不允许员工有自己的意见，这种强调完全服从的决策方式的最大问题在于会挫伤员工的积极性和扼杀组织活力。员工普遍会感到不受重视，士气低落，即使有想法也不愿说出来，从而逐渐失去责任感。这种权威式领导必然与思想活跃且希望有独立空间的新生代员工产生管理冲突。

“90后”进入职场对我们的工作肯定是有挑战的，他们的物质条件明显要比过去好，我们工厂里面刚来的小女孩儿，就有拿着苹果手机的。他们也比较有个性，很典型的“吃软不吃硬”，你不能拿命令

> 去强压他，这一点我们也不断跟我们其他经理在沟通，要让他们注意。（访谈对象 HR0601）

同时，对于工人而言，应对“粗暴”管理方式的反应早已从过去的顺从忍让转变成发声抗议。从整体上讲，农民工的相对剥夺感、对劳动法的认知水平、社会网络规模和企业集体宿舍制度对其利益抗争行为有影响（蔡禾、李超海、冯建华，2009）。现实中，中国个体劳动争议案件继续高位运行，集体劳动争议数量开始快速增长，以集体停工事件为主体的重大劳资纠纷不断发生。更值得注意的是，许多发生停工的企业并没有明显的违法行为，甚至许多企业还是地方遵纪守法的模范企业，在劳动合同、工资以及社会保险等方面都会严格执行国家相关法律，还会提供如宿舍、午餐、班车等工人福利。然而，停工等集体行动还是不可避免地发生了，究其原因，这是因为工人集体行动的诉求不再是以往的“争取权利”，而是争取在法律规定之上的更多利益，或是通过这一方式“表达诉求”，提高工资标准、改善工作条件、缩短工作时间、发放加班工资、要求听取工人声音、不接受企业的单方决定等，其触发事件大多具有内容上的“增利”特征和程序上的“民主”要求。

> 2008 年出现风波（工人停工两天半），日本总部也在认真研究这个问题，当时是日方人员在领导，可能是语言的关系，可能是方式方法，基层员工和日方高层之间没有有效的途径化解小问题。员工说我们 8 年没有涨工资，其实这不是事实，也不是最主要的原因，他们就是觉得公司有些事情可能处理得比较随意。（访谈对象 HR0401）

三、集体劳权意识的觉醒是企业员工参与发展的内在动力

2010 年夏季开始，在中国的珠三角地区、长三角地区、大连开发区及京津地区发生了一系列劳动者自发的停工事件。这一系列事件发端于 2010

年年初的苏州工业园区，园区内先后发生5次规模较大的停工，涉及工人万余人。之后，珠三角地区5月爆发了影响巨大的南海本田停工事件。接着又在中山、佛山、深圳等地相继爆发了连锁性的工人停工事件。到了2010年7月之后，大连开发区出现了开发区建立以来第三次“停工风波”，波及企业73家。2010年的工人停工事件与四五年前的工人停工事件相比，工人在其中的集体意识和集体行动能力有了一个明显的提高（常凯，2015）。以南海本田停工事件为例，停工发生后，千余名工人在推选出的工人代表的带领下，将自己的行动限制在生产场所，集体停止工作，组织工人保护工厂机器设备与财产。在赢得社会理解支持的同时有理有据地与厂方交涉谈判，最终获得了增加工资34%的成果（常凯，2010）。

无论是政府的推动还是企业主的开明，都只是推动企业民主的外部力量，它们的主要作用在于建制，作为员工参与主体的劳动者的参与意识觉醒才是推动企业民主的根本动力。随着时代的变化，劳动者的诉求出现了多元化的特征，从简单的利益诉求扩展至工作场所权力的分配，从单纯的经济追求扩大到多元化的精神满足，工人要求平等和尊重，要求从工作中获得更多回馈。在这一过程中，劳动者的集体劳权意识也越来越强，组织性越来越突出，这一方面是劳动者的变化，另一方面也会给予企业更大的压力和反思。劳动者集体劳权意识的进一步成熟，是弥合企业“形式民主”与员工“被动参与”之间距离的根本路径，也为企业发展层次更高的代表制民主奠定了基础。

四、传统参与制度与多样化新型参与制度的并存保证了更广泛的参与载体

冯同庆（2005）进行了历时三年的中国企业员工参与本土经验的调研，对观察到的五个企业的民主管理模式进行了这样的总结：延续或移植传统的模式、与党组织合作的模式、相对独立的模式、全能的模式以及前

景尚难预料的模式等。发现这几个企业的职代会和工会普遍存在着对传统国有企业相应制度的依赖，尽管其参与者的阶层结构和阶级结构与传统国有企业的部门和单位结构已经非常不同，但是在职代会和工会制度方面仍不同程度地再现了原有的制度。BR 集团是原有制度的延续；CH 集团移植了原有的制度；B 有限公司是在原有制度上的重构；SD 公司虽然具有相对独立的特征，但也借鉴了原有制度或受到原有制度的制约；Z 厂则把原有制度的功能几乎发挥到极致，酒厂的变化虽难预料，却也是以原有制度为基础的。这种参与者结构变化与制度变迁的“不同步”现象，反映了典型的“路径依赖”，也反映了原有的某些制度能够支持新的职工民主参与机制，因此，从形态上表现出了传统参与制度与多样化的新型参与制度并存的现象。

我们在调研的外资和合资企业中也发现了一些新的员工参与制度和运行模式。从制度建立的情况来看，各类企业在发展企业民主时都在尝试构建新的多样化的制度形式，如 T 市的 FSTT 集团在 2014 年 7 月建立的职场恳谈会制度，“采取总经理、副总经理和管理部长直接和员工面对面听取员工意见，改善职场环境。恳谈会一般以座谈和午餐会的形式，针对座谈内容分别有部门专场、员工专场等，参加恳谈的员工都是普通员工，人员选择由各个部门进行推选，包括技术员、工人，也包括派遣工。谈话的内容都是员工感兴趣的，有的是员工提出来的，有时候我们也会设定一些主题”。T 市的 AX 公司也采取了恳谈会制度，人力资源部门在探讨恳谈会运行时提到，“恳谈代表是各部门推选的，我们也会把握一下，选一些有特质的员工。比如，我们选定了一个军嫂作为代表，我们想要表明虽然是外企，但是我们没有政治色彩。另外，我们企业男工女工比例是 8∶2，但是恳谈会中男工比例只占六成，我们是想充分给予女工发言和表达的权利”。新型参与制度的运行方式更为灵活，运行效率也大大提升了。

从运行模式上看，本研究在实践中观察到了一种特别的人力资源管理与工会合作推进的参与模式，但是合作方式和合作关系存在一些差异，如

T 市 FSTT 集团的人力资源与工会力量平衡的合作模式：人力资源部负责参与的渠道建设、制度建立、物资保障，工会负责员工的宣传、动员、培训，两部门同时负责从各自的渠道收集员工意见和建议，保证了较大的参与覆盖范围。在问及两条渠道的关系时，FSTT 集团人力资源部经理指出，“公司和员工（沟通的渠道）有员工意见箱和面对面的职场恳谈会，工会和员工（沟通的渠道）也有意见箱和工会会员座谈会。工会会员座谈会是工会和员工的，职场恳谈会是公司和员工之间的。两个会议也会出现有的员工重复”。工会主席则补充说，“因为一段时期可能大家关注的问题是相似的。我们虽然意见收集的途径不同，但是改善的途径是一样的，而且工会还会对管理方的改善进行监督，会对员工提出的意见进行跟踪”。当然，更为常见的则是人力资源管理部主导、工会辅助的合作模式，如 T 市 AX 汽车零部件公司工会干部在谈及工会在参与中的作用时，提出“工会日常更多是配合人事的工作，做好职工的安抚工作，如果企业发生一些变动时，工会要保障员工的知情权”。涉及参与中的具体细节时，人事副经理也介绍说，“人事部门会在恳谈会过程中引导员工，会议的主题都是人事部门来设定的”。

从目前企业员工参与制度的应用来看，由于国有企业、民营企业和外资企业在建立、改革和发展的具体社会条件上的差异，它们在实际运作上并没有统一的模式，各种模式都有其建立的背景和各自发展的空间。不过更重要的是，尽管制度名称看起来不尽相同，但不同类型的参与形式都在各自的企业背景下发展出了适切性与可行性，无论这种建制行为的发起方是管理方还是工会，在实践中是“各自为战”还是“通力协作”，都在一定程度上为员工参与行为的“落地”和参与权的实现奠定了重要的制度基础。

五、政府规制不断增强的压力加速了企业对员工参与的接纳

2008 年被称为“劳动关系立法元年”，其后的几年时间里，劳动关系

立法进程明显加快，劳动法律颁布的密度和强度明显增大，劳动关系日益走向法制化、规范化的调整路径。国家在劳动关系的规制上相继出台了《劳动合同法》《就业促进法》《劳动争议调解仲裁法》《社会保险法》《职业病防治法》等法律，也制定了与之相匹配的各项行政法规和司法解释等。这些法律对企业的雇用行为提出了更高的要求，尤其《劳动合同法》的出台被企业界普遍认为大幅增加了企业用工成本。不仅如此，《劳动合同法》在 2013 年还进行了修订，专门针对日益泛滥的劳务派遣问题，修改了相关法条，减少企业使用劳务派遣的范围和程度。人力资源和社会保障部在 2014 年又专门制定了《劳务派遣暂行规定》，规定用人单位使用劳务派遣工的比例不得超过用工总量 10% 的红线。

在不断提高劳动关系规制力度的大背景下，针对员工参与问题的治理和规制进程也在逐步加快，2012 年年初，中央纪委、中央组织部、国务院国资委、监察部、全国总工会、全国工商联联合下发了《企业民主管理规定》，这是继 1986 年中共中央、国务院发布《全民所有制工业企业职工代表大会条例》以来，我国首次以六部门共同颁布规章的形式全面规范以职工代表大会为基本形式的企业民主管理制度，并且打破了企业所有制界限，明确非公有制企业也应实行民主管理，这是目前加速企业开展民主管理工作最重要的规章。

《企业民主管理规定》对职工代表大会的性质和地位进行了界定，明确职工代表大会是“职工行使民主管理权力的机构”，职工代表大会有助于企业科学管理，而不是取代企业管理；同时明确了职工代表大会是“企业民主管理的基本形式”，其他民主管理形式不能替代职工代表大会，更不能作为企业民主管理的基本制度。《企业民主管理规定》在对企业职工代表大会职权、组织和工作制度等作出统一规范的同时，还根据国有企业、公司制企业、中小企业、集团企业的不同实际情况分别作出规定，增强了企业实行民主管理的针对性和可操作性。根据企业用工形式多样化的实际，《企业民主管理规定》明确了与企业存在事实劳动关系的职工，也有选举和被选举为职工代表大会代表的权利，解决了一些企业的农民工、劳务派遣工等不能成为职工代表的问题。应该说，来自政府的“自上而下”的推动是企业接纳员工参与项目的重要影响因素，也是员工公平参与权实现的重要保障。

六、员工参与能力提升的空间与可能性

根据前文建立的理论模型和实证检验，我们发现员工的参与意愿和参与能力是影响参与行为的主要因素，在社会层级和企业层级中位次较低的员工被排斥在参与活动之外。可见，改善弱势员工的参与边缘化现象，保证劳动者公平的、较高水平的参与，提升参与能力是一个重要途径。

何谓参与能力？借鉴政治民主的相关研究结论，阿尔蒙德、维巴在《公民文化——五个国家的政治态度和民主制》中把公民能力分为公民的主观能力和客观能力，即主观认识能力和客观实践能力（参与能力）。主观能力指公民认为自己能够对政治事务和决策过程施加影响，参与能力则指公民如何去影响政治事务和政策过程。民主能力是政治能力的一种形式，是公民能力的核心。阿尔蒙德更加强调主观能力的重要性，认为主观能力强的公民政治参与更积极。国内学者郭细琴（2006）把公民的民主能力分为民主心理能力和民主实践能力，民主意识分为自由意识、平等意识和参与意识，民主实践能力包括直接政治参与能力和间接政治参与能力，如结社能力、投票能力等。目前，国内外学者关于公民民主能力的观点可分为两种：一是公民的民主能力（政治参与能力），即投票、选举、结社、集会、政治表达等能力；二是把公民的民主能力分为公民的民主意识和公民的民主实践能力。其中，公民的民主意识是民主能力的前提，包括利益意识、公民意识、权利义务意识、合作意识、妥协意识、理性意识、法治意识、责任意识、公共精神等；公民的民主实践能力主要包括利益表达的

能力、政治参与的能力及一些可操作性的政治技能和技巧，包括参政议政的能力，如选举、决策、监督、管理等能力[①]。结合企业员工参与的实践经验，我们认为，工作场所中的员工参与能力主要包括合作的意识和能力、表达的意识和能力以及监督的意识和能力。

合作是以利益为基础的合作，表达是对利益的表达，监督是对利益实现情况的监督，三种能力紧密相连，不可分割。

在产业关系领域，合作的意识和能力包括劳资之间的合作和劳动者成员之间的合作。作为一种能够平衡组织内雇主和雇员双方利益的重要理论，劳资合作伙伴关系理论（partnership theory）自20世纪80年代末一经提出，便受到学术界与管理实践者的关注（Johnstone et al.，2009）。劳资合作伙伴关系理论认为，雇佣关系的核心在于创造工作中的合作关系，以便雇员和雇主能够在一起有效工作，并最终实现共同或互补的目标（Guest，Peccei，2001）。劳资合作伙伴关系实践能够让劳资双方平等、和谐地分享双方共同的利益，给组织和雇员带来双赢，促进生产率的提高；而雇员则受益于更大的雇佣保障、培训、高质量的工作、良好的沟通和更有效的参与等（Kochan，Osterman，1994；Guest，Peccei，2001）。劳资合作伙伴关系理论是员工参与并被雇主接纳的重要依据，对于员工来说，认识到合作可能带来的收益提升和关系改善，并尝试合作，是参与能力提升的重要内容。而在员工之间的合作中，相对于直接参与，间接参与需要合作的频率更高，员工需要进行内部沟通并作出判断，包括代表的选出、提案的确定，都需要建立员工之间的合作关系，其中包括的倾听、妥协、信任等都是员工参与能力提升的重要维度。

“表达”强调的是一种主动行为，即将思维所得的成果用语言、语音、

---

① 马华．民主学步：农民的民主能力建设——以“南农实验”为例．华中师范大学博士学位论文，2011

语调、表情、行为等方式反映出来的一种行为。表达以交际、传播为目的，以物、事、情、理为内容，以语言为工具，以听者、读者为接收对象。从上述定义可知，表达是作为个体的一种能力。依照科恩的观点，民主的两个基本前提是“社会”与“理性”，社会作为第一前提，涉及的是人与人的关系，是民主进程的基本结构。理性涉及的则是这种关系的性质，必须假定所有成员至少具有参与公共事务所要求的基本能力，这些基本能力概括起来就是理性。在他看来，一个理性的人至少应该具备两种能力：一是设想一种计划或掌握判断、行动规则的能力；二是在具体情况下运用这一规则，或按照行动计划办事的能力，以及在此基础上理性的人能清楚表达思想，与人讲理的能力。[①] 将科恩的这一理论置于企业员工参与的情境中也同样适用，理性表达是参与的基本前提，表达作为参与过程的起点，是员工参与首先需要实现的，它为参与提供了必要的前提，而参与规则与参与程序则为表达提供了科学化、制度化的表达渠道。无序的、非理性的利益表达既不能提供解决问题的有效途径，也不能推动企业员工参与建设的进一步发展。

监督的意识和能力是完成完整的参与过程所必需的，企业员工通过直接或者代表的方式表达利益诉求，提出建议，最终实现影响企业部分管理决策的效果。但是这种影响多数情况下不是一个时点问题，而是一个周期问题，不少问题的解决和劳动条件的改善需要较长时间来实现，这就需要员工持续关注参与的结果，并进行适时有效的监督。

就中国企业员工参与的能力状况来看，我们也在实践中形成了一些判断。

第一，偏低的文化素质可能会对员工参与造成一定的约束，但这并不是劳动者实现参与的必要条件。在具体的参与实践过程中，员工可以通过

① 科恩著，聂崇信、朱秀贤译．论民主．北京：商务印书馆，1988

训练、学习、尝试等方式逐渐提升参与能力，进而实现参与的价值。

实证研究的结果显示，从受教育程度来看，被调查对象中参与程度最高的，是大专/高职和硕士及以上群体，尽管代表高学历的硕士及以上群体的参与程度确实占据了优势，但是大专/高职群体的高参与程度也说明了两者关联程度并不显著。在实践中，我们观察到一些工人已经具备了参与和表达的强烈需求以及初步实践参与的基本能力，虽然这种能力还处于“学步”的初级阶段。企业员工参与的发展是一个从形式到实体、从量变到质变、从不熟悉到较为熟悉、从不会操作到较会操作的渐变式学习过程，与提升工人素质和参与能力同样重要的，还有企业员工参与的制度建设，两者的同步发展甚至制度的先行发展是促进工人参与能力提升的有效路径，因此，不能草率作出“工人知识文化水平不高，所以不会参与”的判断。

第二，文化、制度、习惯、心理等要素构成了影响员工参与能力的历史变量。无论是计划经济时代下劳动关系归属国家化的传统，还是市场经济背景下资本的强势话语权传统，都在中国企业员工的心中种下了“国家能力”“经营管理者能力”强于“个体能力”的种子。多数被调查者在受访中明确表达了自己对于参与的不自信和对管理者精英的崇拜与信服，甚至一些技术工人也认为“我这人就是比较细，所以大家可能觉得干得还可以，关于技术革新我们有经理、主任这些，我们发现的都是很小的小问题”（访谈对象 YG0709）。在国家和企业层面快速建制并保证其有效运行的同时，员工对自身参与能力和参与结果不自信的改观则需要一个比较长的时期，而这是实现员工的公平发言权需要关注的社会心理问题。

结论与展望

从协调劳动关系的角度来看，校正和规范劳资关系，使之两势均衡、和谐共处，通常有两种策略：一是通过经济政策规范资方对待劳动者的行为，即合理限制资本的本能张力；二是劳动者组织起来，通过合力与资本博弈。前者强调第三方的介入，后者注重劳资双方主体的内部行为，从目前世界范围内协调劳动关系的方式方法来看，通常采取两者结合的方式。企业员工参与管理作为协调劳动关系的方式之一，实际上具备了两种策略的特点：一方面，它是劳资双方在企业内部博弈所产生的一种重要的协调劳动关系方式；另一方面，它的运行也离不开企业外部第三方主体的作用。员工参与的行为和制度实际上是一个不断修正与改善劳动关系的过程，应该说，劳动关系的改善永无止境，员工参与也永无止境。

随着企业管理实践的发展和员工素质水平的提高，越来越多的企业开始意识到员工参与的重要性和积极作用，并尝试在企业中引入多种形式的员工参与项目，从传统的职工代表大会、厂务公开，到新兴的员工持股、职场恳谈会，都表明了企业在追求自身利益基础上对于员工参与的逐步接纳和认可。然而在实践中，与参与制度的建立和革新并存的，是员工相对疲弱的参与行为和较低水平的参与感受及评价，这其中尤以弱势员工远离参与中心为主要特征，社会阶层较低、企业等级较低的劳动者被排斥在参与之外，即便有工会的参与职能履行和企业的参与氛围营造，也都将相对弱势的员工滞留在了参与核心之外，并未有效改善他们在参与中的不平等状况。学历偏低、收入较少、岗位底层的劳动者缺乏发言的意愿和能力，长期处于“无声”的状态，其劳动权益也相应受到了一贯的忽视，这与政府和工会大力推动员工参与发展的初衷相背离，也是我们在实践中发现的员工权益受损的一种表现。

基于这样的社会观察，本文通过构建影响员工参与的外部环境因素模型，探讨了经济环境、政治环境和社会文化环境对于员工参与的现实约束，并通过对员工参与中最为重要的三个主体——劳动者、工会和企业，在参与中的意愿、能力和行为等的解析，在理论上建构了员工参与的影响因素和整体实现参与公平的障碍。之后，研究通过实证检验，针对企业员工进行了参与相关问题的调查，主要发现了四个最主要的结论：一是员工所处的社会层级和企业内相对等级是影响员工参与程度的重要因素，企业内的员工参与程度存在“马太效应”；二是上级支持程度对员工参与程度有直接影响，同时还对企业内相对等级关于员工参与度的影响发挥了交互作用；三是工会努力程度对员工参与感的提升有显著影响，但与社会层级和企业内相对等级的交互作用都不显著；四是员工工作的重要性等控制变量对员工参与程度也产生了影响。在以上实证结论的基础上，研究进一步探讨了我国企业员工参与未来发展的方向和空间，我们认为，伴随劳动力市场用工短缺现象的蔓延，越来越多的企业将会更加关注员工诉求，调整管理方式；新生代工人进入职场，新工人群体的意识和观念变化推动专制型企业管理方式的变革，由家长式、专制型的威权式管理转向民主型、协商式的管理风格；一系列劳动争议群体事件所反映出的集体劳权意识的觉醒是企业员工参与发展的内在动力，也是最根本的力量；各类不同企业坚持和发展的多样性的参与制度保证了更广泛的参与载体；政府规制不断增强的压力在一定程度上加速了企业对员工参与的接纳；而工人参与能力的提升空间和可能性是员工参与行为日益普及的重要前提。

参考文献

[1] Arnold, H. J, Feldman, D. C. A Multivariate Analysis of the Determinants of Job Turnover [J] . Journal of Applied Psychology, 1982

[2] Arthur, J. Effects of Human Resource Systemson Manufacturing Performanceand Turnover [J] . Academy of Management Journal, 1994, Vol. 37, No. 3

[3] Bartel, C. A. Social Comparisons in Boundary - spanning Work: Effects of Community Outreach on Members' Organizational Identity and Identification [J] . Administrative Science Quarterly, 2001, 46

[4] Bodah M M, Mchugh P P, Yim S J. Employee Involvement Programs and Collective Bargaining: The Role of Labor Relation Climate. Journal of Collective Negotiations, 2008, 32 (3)

[5] Borman W. Progress toward a Taxonomy of Managerial Performance Requirements [J] . Human Performance, 1993

[6] Bruce E. Kaufman, Paradigms in Industrial Relations: Original, Modern and Versions In - between [J] . British Journal of Industrial Relations, 2008, 46 (2)

[7] Conger, Fulmer. Developing Your Leadership Pipeline [J] . Harvard Business Review. 2003 (12)

[8] Conner, Dary. Five Views of Change [J] . Training&Development, 1992, 46 (3)

[9] Cooke, W. N. Employee Participation Programs, Group - based In-

centives, and Company Performance: A Unionnonunion Comparison. Industrial & Labor Relations Review, 1994, 47

[10] Dastmalchian, A., P. Blyton, and R. Adamson. The Climate of Workplace Relations [M]. London: Routledge, 1991

[11] Deery S., Erwin, P., (Iverson, R). Industrial Relations Climate, Attendance Behaviour and the Role of Trade Unions [J]. British Journal of Industrial Relations, 1999, 37 (4)

[12] E. A. Locke. Thenature and causes of job satisfaction: In M. D. Dunnette (Ed) [J]. Handbook of industrial and organizational psychology (pp. 1297 – 1349), 1976, Chicago: Rand MeNally

[13] Felsteada A, Gallieb D, Greenc F, et al. Employee Involvement, the quality of Training and the Learning Environment: an Individual Level Analysis. The International Journal of Human Resource Management, 2010, 21 (10)

[14] Fletcher, J. K. Disappearing acts: Gender and power at work. In: J. K. Fletcher (Ed), Disappearing acts: Gender, power and relational practice at work. Cambridge, MA: MIT Press, 2001

[15] Glew D. J, O' Leary Kelly, A. N., Gnffin, R, W. Van, F. D. Participation Organizations: a Previewof Theissuesand Propose Framework for Future Analysis [J]. Journal of Management, 1995 (21)

[16] Hackman, Lawler. Employee reaction to job characteristics [J]. Journal of Applied Psychology, 1971, 55 (3)

[17] Heller, Frank. Influence at Work: a 25 – Year Program of Research [J]. Human Relations, 1998, 51 (12)

[18] Hoell R C. How Employee Involvement Affects Union Commitment. Journal of Labor Research, 2004, 25 (2)

[19] Hutchens, R . Seniority, Wages and Productivity: Aturbulent Decades [J] . Journal of Economic Persperctives, 1989 (3)

[20] Judge, T. A. , Erez, A. , Bono, J. E. , Thoresen, C. J. Are Measures of Self - esteem, Neuroticism, Locus of Control, and Generalized Self - efficacy Indicators of a Common Core Construct? [J] . Journal of Personality and Social Psychology, 2002, 83

[21] Katz, H. C. , Weber, M. R. Assessingthe Effects of Industrial Relations Systems and Efforts to Improve the Quality of Working Life on Organizational Effectivess [J] . Academy of Management Journal, 1985, 28

[22] Kennan J. Pareto Optimality and the Economics of Strike Duration [J] . Journal of Labor Research, 1980, 45 (1)

[23] Lawler, Edward E. Choosing an Involvement Strategy. The Academy of Management Executive. 1988, 2 (3)

[24] Lawler, Edward E. Participative Management in the United States: Three Classics Revisited [M] . Corndis J L, Gyorgy S. Organizational Democracy: Taking Stock. New York: Oxford University Press, 1989

[25] Lin W B. The exploration of employee involvement model. Expert Systems with Applications, 2006, 31 (1)

[26] Marchington M, Goodman J, Wilkinson A, et al. New Developments inEmployee Involvement. London: Employment Department, 1992

[27] Mark A S, Rene K, John J R, et al . The relationship between Organizational Climate and Employee Perceptions of Involvement. Group&Organization Management, 1999, 24 (4)

[28] Menon ST. Employee Empowerment: an Integrative Psychological Approach [J] . Applied Psychology: an International Review, 2001, 50 (1)

[29] Newby M. J. , Winterton. The Duration of Industrial Stoppages [J] .

Journal of the Royal Statistical Society A, 1983, 146 (3)

[30] Othman, R., Arshad, R., Hashim, N., Azuan, I. and Rosmah, Md. Psychological Contract Violation and Organizational Citizenship Behavior [J]. Gadjah Mada International Journal of Business, 2005, 7 (3)

[31] Park R. Cognitive and Affective Approaches to Employee Participation: Integration of the two approaches, Journal of World Business, 2011, doi: 10.1016/ j. jwb. 2011. 05. 011

[32] Pateman. C. Participation and Democratic Theory [M]. Cambridge University Press, 2006. 1970

[33] Rainnie, A.: Combined and Uneven Development in the Clothing Industry. Capital Class Vol. 22, 1984

[34] Spector, P. E. The role of Frustration in Antisocial Behavior at Work. In R. A. Giacalone & J. Greenberg (Eds.) [J]. Antisocial Behavior in Organizations (pp. 1 – 17). Thousand Oaks, CA: Sage., 1997

[35] Sue Fernie, David Metcalf Stephen Woodland. Lost your voice: Collective bargaining is going. Are its replacements better or worse [J]. New Economy, 1994, 1 (1)

[36] Triandis, H. C. and Brislin, R. W. Handbook of cross – cultural psychology [M]. Boston, MA: Allyn & Bacon, 1980

[37] Verma, A. & Taras, D. G. Employee Involvement in the Workplace. In M. Gunderson, A. M. Ponak, & D. G. Taras. Union – Management Relations in Canada. Don Mills, Ont: Addison – Wesley Longman, 2001

[38] Wei Chi, Richard B. Freeman, Morris M. Kleiner. Adoption and Termination of Employee Involvement Programs. http://www. nber. org/papers/w12878. pdf, 2007

[39] 常凯. 劳权论：当代中国劳动关系的法律调整研究. 北京：中

国劳动社会保障出版社 . 2004

［40］常凯、郑东亮、乔健等 . 专家谈：我国集体劳动争议的预防与规制［J］. 中国劳动，2012（6）

［41］陈国强、石奕龙 . 简明文化人类学辞典 . 杭州：浙江人民出版社，1990

［42］陈美霞、陈佩华 . 关于中国工厂职业安全卫生管理中职工及工会参与状况的调查，载冯同庆（编）. 中国经验：转型社会的企业治理与职工民主参与 . 北京：社会科学文献出版社，2005

［43］陈微波 . 工业民主：劳动关系治理的有效路径［J］. 云南行政学院学报，2010（6）

［44］陈小平 . 员工参与对工作满意度和员工绩效影响实证研究［J］. 理论导刊，2012（2）

［45］程延园、王甫希 . 变革中的劳动关系研究：中国劳动争议的特点与趋向［J］. 经济理论与经济管理，2012（8）

［46］崔勋、张义明、瞿皎姣 . 劳动关系氛围和员工工作满意度：组织承诺的调节作用［J］. 南开管理评论，2012（2）

［47］段锦云、王重鸣、钟建安 . 大五和组织公平感对进谏行为的影响研究［J］. 心理科学，2007（1）

［48］冯同庆 . 中国经验：转型社会的企业治理与职工民主参与［M］. 北京：社会科学文献出版社，2005

［49］鲁道夫·特劳普梅茨、岳经纶 . 中国产业民主：兼论德国、韩国与越南 . 北京：中国社会科学出版社，2012

［50］侯莉颖、陈彪云 . 个体差异、组织支持感与工作绩效［J］. 深圳大学学报，2011（2）

［51］黄坚学 . 员工参与及其对工作倦怠和组织公平感的影响［D］. 江西师范大学，2006

［52］蒋奖、张雯、王卓、鲁峥嵘、许燕．工作场所排斥与员工心理健康、工作满意度的关系：性别的调节作用［J］．心理科学，2011（3）

［53］科恩著，聂崇信、朱秀贤译．论民主．北京：商务印书馆，1988

［54］雷小霞．企业员工参与的组织影响因素及其实证研究［D］．湖南大学，2009

［55］李汉林、吴建平．组织团结过程中的员工参与［M］．北京：中国社会科学出版社，2010

［56］李敏、周恋．基于工会直选调节作用的劳动关系氛围、心理契约破裂感知和工会承诺的关系研究［J］．管理学报，2015（3）

［57］刘爱玉．国有企业制度变革过程中工人的行动选择——一项关于无集体行动的经验研究［J］．社会学研究，2003（6）

［58］刘元文．相容与相悖——当代中国的职工民主参与研究．北京：中国劳动社会保障出版社，2004

［59］龙彦．职工代表大会的作用及其话语基础的个案研究，载冯同庆（编）．中国经验：转型社会的企业治理与职工民主参与．北京：社会科学文献出版社，2005

［60］陆学艺．当代中国社会阶层研究报告．北京：社会科学文献出版社，2002

［61］吕梦捷．国有钢铁企业工作场所中的员工参与和员工声音——基于G钢工作场所的案例研究［J］．中国人力资源开发，2013（1）

［62］马洪．什么是社会主义市场经济．北京：中国发展出版社，1993

［63］马华．民主学步：农民的民主能力建设——以“南农实验”为例．华中师范大学，2011

［64］时勘、高利苹、黄旭、沙跃家．领导授权行为对员工沉默的影

响：信任的调节作用分析［J］．管理评论，2012（10）

［65］谭伶伶．心理契约和工作嵌入对员工离职的影响研究［D］．重庆工商大学，2013

［66］田在兰．领导授权赋能行为对知识型员工建言行为影响的实证研究［D］．华南理工大学，2014（6）

［67］王文彬．人力资本与社会资源获得：东北国企的实证分析［J］．人口学刊，2009（2）

［68］王庆娟、张义明、吴思嫣．2012 工会情境下员工参与制度的研究［J］．中国人力资源开发，2012（8）

［69］王振麒．我国集体劳动争议处理现状及对策研究［J］．劳动与社会保障，2011（3）

［70］蔚亚男．上市公司员工参与与公司绩效相关性的实证研究［D］．辽宁大学，2013

［71］吴建平、陈紫葳．企业民主管理的实证基础——以员工参与与员工满意度相关关系为视角［J］．中国劳动关系学院学报，2010（4）

［72］吴思嫣、张义明、王庆娟．员工参与：信息分享的视角［J］．华东经济管理，2011（2）

［73］吴育珊．我国政府信息公开与公众参与行政关系的回顾与展望［J］．岭南学刊，2010（1）

［74］向常春、龙立荣．参与型领导与员工建言：积极印象管理动机的中介作用［J］．管理评论，2013（7）

［75］谢玉华、黄菲．企业不同层级员工参与管理的比较研究［J］．学习论坛，2009（7）

［76］谢玉华、张媚、雷小霞．影响员工参与的组织因素研究［J］．财经理论与实践，2010（5）

［77］徐小洪．试论“工人参与管理”制度的评估体系．北京市总工

会职工大学学报，2003，3

［78］许达志．员工参与对企业绩效影响的实证研究［D］．湖南大学，2013

［79］杨德敏．论经济法理念与和谐社会的契合［J］．黑龙江社会科学，2006（1）

［80］杨帆、李业川、周卓华．民营企业青年员工参与管理内容需要特征及激励对策研究［J］．中小企业管理与科技，2008（2）

［81］杨体仁、李丽林．市场经济国家劳动关系．北京：中国劳动社会保障出版社，2000

［82］姚先国、郭东杰．改制企业劳动关系的实证分析［J］．管理世界，2004（5）

［83］俞可平．治理与善治．北京：社会科学文献出版社，2000

［84］于中宁．现代管理新视野．北京：经济日报出版社，1996

［85］于桂兰、宋冬林．我国劳动力价值实现程度与劳动争议关系的实证研究［J］．马克思主义研究，2009（6）

［86］游正林．也谈国有企业工人的行动选择——兼评刘爱玉《选择：国企变革与工人生存行动》［J］．社会学研究，2005（4）

［87］张静．利益组织化单位——企业职代会案例研究［M］．北京：中国社会科学出版社，2001

［88］张衔、谭光柱．我国企业劳动关系和谐度的评价与建议——基于问卷调查的实证分析［J］．当代经济研究，2012（1）

［89］张震、马力、马文静．组织气氛与员工参与的关系．心理学报，2002（3）

［90］张子源、赵曙明．试论产业关系与人力资源视角下的劳资冲突根源与解决途径［J］．外国经济与管理，2008（10）

［91］赵翌．“典型单位”职代会功能变迁的制度逻辑——基于西北

地区某大型国有企业的个案分析［D］．西北师范大学，2013

［92］朱晓阳、陈佩华．职工代表大会：职工利益的制度化表达渠道［J］．开放时代，2003（2）

［93］工人日报，尊重员工就是尊重企业自己——传化经验系列报道之企业民主管理篇，2010 年 11 月 29 日 01 版

附　录

问卷编号

企业员工参与管理状况调查问卷

尊敬的先生/女士：

您好！

为深入研究企业内部员工管理和员工参与基本状况，特开展此次调查，您的回答对课题组提供准确的员工参与制度选择与治理建议，提升企业内部员工参与效果和员工个人的满意度有重要作用。

如果有些信息您不能给出准确回答，请您说出最严密的估计；如果有些信息您不方便告知，也请您说明情况。我们将严格遵守《统计法》，为您的信息保密。感谢您的支持与参与！

一、个人信息

1. 您的性别（　　）

A. 男　　B. 女

2. 您的年龄（　　）

A. 30 岁及以下　　B. 31 ~ 40 岁　　C. 41 ~ 50 岁

D. 51 ~ 60 岁　　E. 61 岁及以上

3. 您目前的户籍状态是（　　）

A. 农业户口　　B. 非农业户口（居民户口）

C. 没有户口　　D. 其他，请注明：________

4. 您的最高教育程度是（指已获得的最高学历）（　　）

A. 初中及以下　　B. 高中/中专/职高/技工学校

C. 大专/高职/高级技工学校　　D. 大学本科　　E. 硕士及以上

5. 您目前是党员（含预备党员）吗（　　）

A. 是　　B. 否

6. 您现在的婚姻状态是（未选择 B 选项，请跳答至第 9 题）（　　）

A. 未婚　　B. 已婚　　C. 离异　　D. 丧偶

7. 您配偶的最高教育程度是（　　）

A. 初中及以下　　B. 高中/中专/职高/技工学校

C. 大专/高职/高级技工学校　　D. 大学本科　　E. 硕士及以上

8. 您配偶的户口状况是（　　）

A. 农业户口　　B. 非农业户口（居民户口）

C. 没有户口　　D. 其他，请注明：________

9. 如果将社会中的群体由低（1）到高（10）分为 10 个等级：

您认为您自己目前在哪个等级上（请填写 1 ~ 10 的数字）________

您认为您 5 年前在哪个等级上（请填写 1 ~ 10 的数字）________

您认为您 5 年后将在哪个等级上（请填写 1 ~ 10 的数字）________

二、工作特征

10. 您的具体工作岗位名称是________，您所在企业与您从事同样工作的员工大概有________人。

11. 您在本企业中属于下列哪一类员工（　　）

A. 管理人员　　B. 行政办事人员　　C. 一般员工

D. 专业技术人员　　E. 技术工人　　F. 普通工人

G. 其他

12. 您在企业中的管理级别是（　　）

A. 没有管理级别

B. 基层管理人员（部门主管、科长、车间班组长等）

C. 中层管理人员（部门经理、项目经理、车间主任等）

D. 高层管理人员（总监、副总以上）

13. 您的职称情况是（　　）

A. 无职称

B. 初级职称（助理工程师、助理经济师等）

C. 中级职称（工程师、经济师等）

D. 高级职称（高级工程师、高级经济师等）

14. 您的技术等级是（技术工人填写）（　　）

A. 无技术等级　　B. 初级技工　　C. 中级技工　　D. 高级技工

E. 技师　　F. 高级技师

15. 如果将本企业员工的地位和等级由低（1）到高（10）分为 10 个等级，您认为自己在企业中的相对等级为（请填写 1～10 的数字）______。

16. 您的工作内容和性质是否需要同事的协同与支持（　　）

A. 完全不需要　　B. 不太需要　　C. 一般　　D. 需要

E. 非常需要

17. 您认为您的工作对企业的重要性如何（　　）

A. 完全不重要　　B. 不太重要　　C. 一般　　D. 重要

E. 非常重要

18. 您在目前这一单位工作了________年。

19. 您目前所在企业的所有制情况是（　　）

A. 国有企业　　B. 集体企业　　C. 民营企业　　D. 外资企业

E. 其他

20. 您所在企业的员工人数有（　　）

A. 50 人以下　　B. 51～100 人　　C. 101～300 人

D. 301～500 人　　E. 501～1000 人　　F. 1001～2000 人

G. 2001～5000 人　　H. 5001 人及以上

21. 您所在企业成立年数为（　　）

A. 1~5年　　B. 6~10年　　C. 11~15年　　D. 16~20年

E. 21年及以上

22. 您所在企业的管理层级情况是（　　）

A. 非常扁平，几乎没有层级　B. 层级不太多

C. 一般　　D. 层级比较多　　E. 层级非常多

23. 上一年度您的平均月工资收入（税后）为________元。

24. 上一年度您的平均周工作时间为________小时。

三、劳动关系状况

25. 您是否与企业签订了劳动合同（未选择A选项，请跳答至第27题）（　　）

A. 是　　B. 否　　C. 不清楚

26. 目前您签订的这份劳动合同属于哪种类型（10年以上为无固定期限劳动合同）（　　）

A. 固定期限劳动合同（合同期限年）

B. 无固定期限劳动合同

C. 派遣合同

D. 以完成一定工作任务的合同

E. 不清楚　　F. 其他，请注明：________

27. 您所在企业是否有工会（未选择A选项，请跳答至第33题）（　　）

A. 有　　B. 没有　　C. 不清楚

28. 如果有，您是工会会员吗（选择C选项或者D选项，请跳答至第30题）（　　）

A. 工会干部　　B. 一般会员　　C. 非会员　　D. 不清楚

29. 您是如何成为工会会员的（　　）

A. 自愿申请加入　　B. 入职后自动成为的　　C. 不太清楚

D. 其他，请说明：________

30. 您是否知道本企业的工会主席是谁（　　）

A. 知道　　B. 不知道

31. 您是否参加过工会主席的选举（　　）

A. 参加过　　B. 没参加过　　C. 没听说过

32. 您参加过本企业工会组织或主持的活动有哪些（可多选）（　　）

A. 集体协商　　B. 调解劳资争议　　C. 文体娱乐活动

D. 劳动竞赛　　E. 会员大会或员工大会

F. 合理化建议　　G. 困难员工捐助　　H. 员工培训

I. 其他，请注明：________　　J. 以上都不了解

33. 如果您与企业发生了劳动纠纷，您首先会选择（　　）

A. 企业调解委员会调解　　B. 仲裁委员会仲裁　　C. 法院起诉

D. 找各级工会维权　　E. 向政府投诉　　F. 求助媒体曝光

G. 老乡朋友帮忙　　H. 向企业部门主管投诉

I. 向企业人力资源部门投诉　　J. 其他，请注明：________

四、员工参与

34. 您所在企业有没有以下制度或开展过下列活动（请在您认为合适的选项下打“√”，若都选 2、3，请跳答至第 37 题）

序号	制度或活动	有	没有	不知道
A	职工代表大会	1	2	3
B	厂务公开	1	2	3
C	职工董事与职工监事	1	2	3

续表

序号	制度或活动	有	没有	不知道
D	集体协商与集体合同制度	1	2	3
E	合理化建议制度	1	2	3
F	民主评议制度	1	2	3
G	民主生活会	1	2	3
H	员工意见调查制度	1	2	3

35. 您认为本企业的下列民主参与管理制度能否维护员工的合法权益（请在您认为合适的选项下打“√”）

序号	制度或活动	能	不能	不知道
A	职工代表大会	1	2	3
B	厂务公开	1	2	3
C	职工董事与职工监事	1	2	3
D	集体协商与集体合同制度	1	2	3
E	合理化建议制度	1	2	3
F	民主评议制度	1	2	3
G	民主生活会	1	2	3
H	员工意见调查制度	1	2	3

36. 您是否参加过下列的职工民主选举（请在您认为合适的选项下打“√”）

序号	内容	参加过	没参加过	没听说过此事
A	职工代表大会代表的选举	1	2	3
B	职工董事与监事的选举	1	2	3
C	集体协商员工代表的选举	1	2	3

37. 本企业是否公开过下列事项（可多选）（　　）

A. 企业重大经营管理决策

B. 企业生产经营管理方面的重要问题

C. 涉及员工切身利益方面的问题

D. 与企业领导班子建设和党风廉政建设密切相关的问题

E. 其他，请注明：________　F. 以上都未公开过

38. 您在工作中可以通过哪些渠道向企业领导反映意见（可多选）（　　）

A. 领导信箱（电子邮件）　B. 意见箱或意见簿

C. 办公室直接找领导　D. 企业设立的例会上

E. 发短信或打电话　F. 按程序逐级向上反映

G. 没有任何渠道　H. 其他，请注明：________

39. 您在工作中与上级管理层的沟通是否顺畅（　　）

A. 很不顺畅　B. 不顺畅　C. 一般　D. 顺畅　E. 很顺畅

40. 您在工作中与同事间的沟通是否顺畅（　　）

A. 很不顺畅　B. 不顺畅　C. 一般　D. 顺畅　E. 很顺畅

41. 您的上级管理层对下属参与管理、决策的态度是（　　）

A. 很不支持　B. 不太支持　C. 一般　D. 支持　E. 很支持

42. 您的上级管理层的领导风格更偏向于（　　）

A. 专制的　B. 自由放任的　C. 民主的

D. 其他，请简要描述：________

43. 以下是对您工作状态及感受的一些表述，答案无对错之分，请在您认为合适的选项上打“√”（1 = 非常不同意，2 = 比较不同意，3 = 不确定，4 = 比较同意，5 = 非常同意）

序号	类型	得分
A	工作中我有机会学以致用	1——2——3——4——5
B	我有机会按自己的方式工作	1——2——3——4——5
C	我有机会尝试自己的想法	1——2——3——4——5
D	我有机会做最在行的工作	1——2——3——4——5
E	我有机会做有趣的工作	1——2——3——4——5
F	每天下班时，我觉得当天做了有意义的工作	1——2——3——4——5
G	我有机会学新知识	1——2——3——4——5
H	对于自己的工作进度，我有足够的发言权	1——2——3——4——5
I	我有机会来独立处理事务	1——2——3——4——5
J	我的直接上级在处理与我工作有关的问题时询问我的意见	1——2——3——4——5
K	我觉得工作有压迫感	1——2——3——4——5
L	如果我对组织有建议，可以很容易将这些想法传递给上级	1——2——3——4——5
M	我有机会对我的工作作重要决策	1——2——3——4——5
N	如果工作与我相关，自己的意见可以影响上级的决定	1——2——3——4——5
O	工作进度由上级决定，我没有提建议的机会	1——2——3——4——5
P	我在为公司的成功作着重要贡献	1——2——3——4——5